我就是数学

华应龙教育随笔

华应龙◎著

十周年
纪念版

I AM THE
MATH

长江出版传媒　长江文艺出版社

图书在版编目（ＣＩＰ）数据

我就是数学：华应龙教育随笔：十周年纪念版 /
华应龙著. -- 武汉 ：长江文艺出版社， 2020.3（2021.11 重印）
（大教育书系）
ISBN 978-7-5702-1243-9

Ⅰ. ①我… Ⅱ. ①华… Ⅲ. ①小学数学课－教学研究
－文集 Ⅳ. ①G623.502-53

中国版本图书馆 CIP 数据核字(2019)第 214144 号

责任编辑：陈 聪　　　　　　　责任校对：毛 娟
封面设计：仙境　　　　　　　　责任印制：邱 莉　　王光兴

出版：长江出版传媒　长江文艺出版社
地址：武汉市雄楚大街 268 号　　　邮编：430070
发行：长江文艺出版社
http://www.cjlap.com
印刷：武汉珞珈山学苑印刷有限公司

开本：720 毫米×970 毫米　　　1/16　　印张：17.75　插页：1 页
版次：2020 年 3 月第 1 版　　　　2021 年 11 月第 4 次印刷
字数：235 千字

定价：42.00 元

目　录 | CONTENTS

第一辑　课前慎思

第四辑　听课随想

第五辑　评课心语

第六辑　生活感悟

序一　扎根沃土展才华

华应龙同志于 2002 年调入我校，现在是我校副校长，主管数学教学和教育科研，全国著名数学特级教师，"首都基础教育名家"，获得的荣誉称号众多，但我至今还是最习惯称他为"小华"。

为小华的教育随笔集写序，就有不能愧对他常对我说的"知遇之恩"的意思。从 1996 年在全国数学年会上初识他的才华，到在一所学校里共事多年，对这位年轻有为的部下，我是非常了解的。更让我不由得想拿起笔来的是，当我静心翻阅这部书稿时，字里行间流露出的他对教育的深刻思考，深深地感染了我，使我很愿意陪伴各位读者走进小华的"课前慎思""课中求索""课后反思""听课随想""评课心语"和"生活感悟"，从中获得裨益。

这本集子中的随笔，是小华多年来利用在学校上班前、下班后，外出讲学旅途的飞机上、火车里的零碎时间写下汇集而成的。

当今社会，人们工作负荷大，节奏匆忙，最匮乏定神阅读。而小华自我认识他起，给我最深印象的，就是他真正是坐拥书城，手不释卷的酷爱读书之人。读书已经成了他的生活习惯，他享受其中。他惜时如金，博览群书，常能引经据典，一语中的。读书不仅能触发他对生活的感悟，更使他能够自由而兴高采烈地徜徉在数学教学的研究之中。由此看来，他经常性地笔耕不辍，实在不是有意为之，而是捧读后在工作、生活中的尽兴而已。

读书造就了他善于思考的品质。这种思考甚至表现为一种执拗，一种锲而不舍。体现在数学教学研究中，他极少专注于结果的成功与失败，却常常对过程中的"意料之外"心生欢喜。研究，琢磨，废寝忘食，直至豁然开朗。这样的周而复始，塑造了小华的独特：既有数学名师的缜密、严谨，又有语文名师的浪漫才情。如此这般的独特，成就了他数学教学的独树一帜。

小华的课堂教学总能产生一个强大的气场，这是所有亲临他课堂的人的共同感受。这个气场是亲和力，是他营造出的与孩子们平等的师生关系，又都不尽然。我以为还是满腹经纶的他散发出来的知识的妙趣横生，总能将孩子和老师们凝聚在一起，使他们屏息凝神，享受在"情理之中，意料之外"的快乐里。

近年来，小华在全国各地讲学时常说，他到北京第二实验小学，特别是与我接触后，教学思想、视野和方法都发生了质变。我不避讳，很客观地认可这一点。北京第二实验小学的确使小华升华了，使他跃上了理想的境界。现在的小华不仅依然爱吃糖果、米饭，也已经钟情于卤煮、炸酱面。这种南北方的有机融合昭示出这位年轻的"首都基础教育名家"旺盛的生命力：兼容并蓄，蓬勃发展。他现在的课既含南方教育的细腻、精致，又有北方教育的大气、扎实，再插上实验二小崇尚的开放教学思想的羽翼，越发充满了行云流水般的灵动。我作为"南'龙'北调"工程的设计者，自然也常常为此欣喜。

小华对课堂教学的驾驭能力很强，这种能力来源于他对我校"学生主体参与"教学思想的实践。留给学生的空间大，则生成多，生成多，则彰显教师的教学功力。小华对学生生成问题处理的机智，怎一个"妙"字、"绝"字了得！

小华的教学研究不甘于现状，富有创新精神。现在有些课经过大家研究，都已经设计得很精致了。但是，小华依然愿意上这种课，他秉持我校"以学论教"的理念，求新求异，挑战完美，绝不重复，提出疑问，重新寻找突破口，小疑则小进，大疑则大进。所以，大家对小华的课总是充满期待。

尤其是小华在课堂教学中对"差错资源化"的开发，非常独到。他不仅率先研究实践，而且带领我校的数学团队开展"差错资源化"的课题研究。这种研究真正体现了我校"以学论教"的教学思想，青年教师在小华的带领下逐步成长起来。

以上是我最想让读者了解的有关小华的点滴，尽管是几块碎片，但却折射出数学特级教师、年轻的教育名家华应龙同志充满教育才智的光芒。

再次翻阅我面前的这一摞书稿，尽管是随笔，却让我品出了一个词：精致。我们每个努力的人都可以成为一件精致的艺术品。期盼从事基础教育工作的年轻人都能像小华一样日臻精致，这样你们就不仅能获得事业的快乐，更能使自己的生活丰富多彩，整个人生发射出独特的光华。

作为小华的校长、老大姐，我为小华的成长高兴、喜悦的同时，还充满期待。期待他将积累的那么多的行之有效的教育观点、方法，提炼、综合、系统起来，再出版一本又一本的个人专著，在基础教育这片沃土上尽展才华。

李　烈

有感于 2009 初秋的北京

（李烈：中国教育学会副会长，北京第二实验小学校长、党委书记，全国著名数学特级教师）

序二 一本我期待已久的书

我是一名从事儿童数学认知发展研究的心理学工作者，因此我很喜欢到小学的教室去观摩数学老师的教学，从教师的教中思考学生的学，也喜欢读小学数学老师写的朴实无华但却引人深思的文章。教师的课堂教学不仅给了我智慧，更启迪了我的人生——要像教师那样默默地耕耘，在平凡的三尺讲台上显示既平凡又不平凡的人生。

由于工作的关系，我相识的教师朋友中绝大多数是小学数学教师。华应龙是我近八年来相识的中青年朋友之一，相识时间虽不长，但他给我留下的印象却很深刻。我读过他在《人民教育》《小学数学教师》等杂志上所发表的文章，读后会情不自禁地发出"太精彩了"的惊叹声。我爱读富有个性的文章，这类文章能引发我的思考，有时小文章含有教与学的大道理。我也喜欢观摩他的课堂教学，因为他的课堂教学总会让人感觉到有点与众不同之处。他在课堂上总会让人感到教与学、古与今、师与生等诸多关系是如此和谐。因此我曾多次催促他把20多年来尤其是近10年来的课堂教学的智慧和人生感悟写出来。这一来是对自己实践的再次反思，可以让自己今后的教学之路走得更踏实、更精彩；二来也是对我国小学数学教学事业的一份既简单又不简单的奉献，可以让我国小学数学教学的课堂上出现更多"华应龙"式的教师。我想这也应该是华应龙对其家乡父老、对其众多恩师和朋友，更是对给他生命的爹娘的一份感恩和报答。

前些日子，我在郑州接到华应龙的电话，他让我为他即将出版的书写个序，我真的十分高兴，因为这是一本我期待已久的书。我比较认真地读了大致两个整天的时间，这也是我的学习过程。读后直觉让我还想读。这是一本可读性很强的书，从某个角度上讲应该说是一本好书。我之所以还想读，是因为从白纸上静态的文字中我感到它能引发我头脑中动态的思考。我认为一本能引发人思考的书才是一本好书。

那这本书好在什么地方呢？

全书共有六大部分，即"课前慎思""课中求索""课后反思""听课随想""评课心语"和"生活感悟"，其中既有华应龙的教，也有他对别的老师执教的课的评；既有他教学实践的反思，也有他对人生的感悟。所以我认为这本书的一大特点是立体感很强。

他在课堂中求索的成功源于课前的慎思，如在"圆的认识"中，他提出了"从来如此，便对么"；在"初步认识分数"中，他提出了"究竟怎么读分数"；"角的度量"是一堂技能性的课，他思考能否创设一种情境，让学生感受到量角的用处，反复思考后创设了三个滑梯的设计，这个设计既让学生感受到量角的必要性，又缩短了数学材料与学生生活经验之间的距离。课后的反思，华应龙十分重视反思后的再实践。这样课中、课前和课后就呈现了一种立体型的课堂教学。他不仅深入地钻研文本，而且十分重视课堂中的精彩生成。学生的一个错、一句话，教师在课堂上一个不经意的行为都会让他思考良久。如"有奖摸球"中学生的一声"坑人"，竟让他做了三次反思和再实践。2007 年在他家乡南通举办的一次研讨会上，一位女生不高兴地说："您这不是打击我们成绩好的人吗？"具有敏锐洞察力的华应龙对原来成绩不太理想的同学创造性地解决问题的方法作了这样的评语："这让我想到一句话，'人皆可以为尧舜'，每个人都可以做得很棒。当然原来成绩好的，可能做得更棒!"短短的几句话,既表扬了学习成绩不太理想的同学,又不打击成绩好的,于是课堂上皆大欢喜。他能在知识传承中十分关注学生的心态,缩短教师和学生在课堂中的心理距离,这是从另一个视角思考其立体型的课堂。

又如脑袋磕破后戴着帽子上课时,他先对学生提出"我为什么戴帽子"。这是个谜,而在总结时竟然落到功能上,与那节"中括号"的教学内容、与中括号的功能正好衔接。正如他所说:"磕破脑袋,是无意的;但把磕破的脑袋给用起来,那就是有心的,是苦苦追寻的。"

在听课中,教师天平上的铅笔滑落在地上,一位机灵的小男生赶忙帮老师拾起来,他马上联想到这位老师为什么不对这位男生说一声"谢谢"。在另一节课上,黑板上的教具滑下来,碰到了学生,老师只是把教具重新摆好。面对此情此景,华应龙想这位老师为什么不先问一下这位学生有没有碰痛……一般人都以为这是老师的无意,是课堂上的一个"小问题",但华应龙能从尊重学生的角度去思考,他从小事情中思考了一个育人的大道理。这也可以说是从立体角度全方位地思考课堂教学中出现的大大小小的问题。

其次,本书一篇篇来自教学实践的真实的短文,不仅操作性、实用性很强,而且让人感觉亲切而富有美感。华应龙的文章大部分是采用了随笔的写作方式。随笔是一种散文,随手笔录,不拘一格;一般以借事抒情夹叙夹议为其特色,因此篇幅短小、形式多样。这种写作方式正好与他灵敏、开放、自信、富有创新探索的人格特性相吻合,加上他自小酷爱读书,文化底蕴较深,文章中经常引古论今,富于联想,从我国古代孔子、老子、庄子、墨子到黑格尔、恩格斯、爱因斯坦,从宋朝无德禅师到《红楼梦》中的林黛玉,甚至还引用了美国前总统艾森豪威尔母亲的一段话;从诗歌到故事他都能结合课堂中发生的事,在全方位的反思中恰当地引用,而且他还善于以日常生活中的事,如打篮球、农民种地、赶南苑机场等事情联系到教师的教学,联系到数学。这就给本书增添了不少文学色彩,使本书不仅有真实之美,而且有文学之艳,从而让读者不仅想读,而且爱读。

最后，书的最后一部分中的生活感悟，读后几乎让人感到，原来头脑中所存在的问题——"华应龙的课为什么总有点与众不同之处？""华应龙的课为什么学生听了不愿下课？""华应龙的文章为什么如此生动、亲切、富有个性？"……得到了解答，也就是生活感悟的头篇文章《像农民种地那样教书》所给予的解答。他出身于一个农民家庭，从12岁起，就开始干不少农活：播种、捉虫、喷药、除草、施肥、收割、脱粒等，因此他对农民有着一种天然的情结。当了教师，他仍保持着农民的心态和气质，他要用农民对田里庄稼的那份浓厚、深沉的感情来爱他所选择的教师这个职业，爱他的学生；像农民精心选种那样钻研文本、选择教学内容；像农民深耕细翻土地那样精心设计问题情境；像农民因地制宜、因时制宜、因物制宜地细心呵护每一棵庄稼那样，尊重每一个学生，让每个学生在原有水平上得到和谐、全面、可持续的发展；像农民确定播种时机那样，寻找课堂上大胆地退、适宜地进的时机；像农民对长得不好的庄稼从不责怪庄稼而是责怪自己那样，反思课堂中的遗憾与自己的关系。正如他所说："觉得能像农民种地那样教书是件很踏实、很惬意、很幸福的事。"他是一个能在自己平凡的课堂上找到幸福的教师、一位懂得感恩的教师，因此成功之神一定会向他招手。

我爱读这本书，当然也就愿意把此书推荐给广大教师们。我更希望教师们在思考中读这本书，学习华应龙像农民种田那样教书的这份深情、这份智慧。

结束本文时，我想对华应龙说的话是：这本著作如果说是你前20年教学生涯的一个求索、思考和总结，那么它更应该是你今后教学生涯的一个新的开始——写自己的书，走自己的路，做最好的自己。

张梅玲

2009 年 8 月 8 日

（张梅玲：中国科学院心理研究所研究员、博士生导师）

序三　灵山会上，拈花微笑

　　初见应龙兄，远远地打了个照面，只觉得此人身材健硕，别无特殊，后屡听友人提起其种种趣事，"戴帽上课""脚着高跟鞋"云云，颇有些好奇。其后在各种场合偶然碰面，寥寥几句交谈，竟每次都能生出些惊喜来。友须当如此。

　　"腹有诗书气自华"，应龙君虽专攻数学，文字亦有造诣，文辞优美，清新明丽；尤喜读书，苏格拉底、海明威、老子、朱光潜等等古今中外均有涉猎。朱光潜先生在《谈美》中指出："在意识中思索的东西应该让它在潜意识中酝酿一些时候才会成熟。功夫没有错用的，你自己以为劳而不获，但是你在潜意识中实在仍然于无形中收效果。"应龙君正是如此，从南方小城的一名师范生到今日的种种成绩，与素日里的付出、努力是分不开的，"课前慎思""课中求索""评课心语""生活感悟"，每一朵思维的浪花都以其独特的姿态汇成了这文字的海洋。

　　应龙兄很忙，鲜有闲庭信步的时间，连如厕都要小步跑，甚至闹出了磕破脑袋的小笑剧。可对孩子们，应龙兄很大方，永远愿意耐心地等待他们的成长。在应龙兄看来，"人皆可以为尧舜"，而教育便是要给予孩子们慢慢成为尧舜的时间和空间。"孩子永远是孩子，课堂是允许孩子们出错的地方，出错是他们的权利，应该反思的却是我们这些成人"，迫于各方面的功利性压力，在现实生活中，我们很多教师"往往容不得学生犯一丁点儿错误。过分的照顾帮助、太多的'言传身教'、一味地指责惩罚，钳制了学生的大脑、双手和嘴巴，牵制了学生的独立思考，束缚了学生的想象，剥夺了学生主动探究的乐趣，封杀了学生自我锻炼、自我完善、自我发展的机会，无利于学生的求知和发展，最终将有碍于学生日后适应社会"。教师"不能像'芒芒然'的宋人一样做出揠苗助长的傻事，而应像郭橐驼种树那样'能顺木之天以致其性'，'不害其长'，'不抑耗其实'，使'其天者全而其性得'"。

童心是人类最单纯的宝藏，得到孩子的尊敬和喜爱往往是教师们最大的荣耀。而这种最单纯的爱戴却很容易反过来成了毒害孩子纯真心灵的毒药。应龙兄看到了这一点，振聋发聩，"救救孩子"。"过去的教育教学生活中，我们是否还遭遇过学生的'投师所好'？学生抑或有意抑或无心的'投师所好'是由哪些因素造成的？是由于学生的'不认真'？除了唯书唯上的文化因素，学生缺乏尊重客观事实的态度、怀疑求真的意识，还有没有其他因素？在过去的教育教学活动中，我们是否曾有意识地暗示或下意识地期望学生说出老师想要的回答？我们为什么会有这样的暗示或期望？我们是否在窄化和功利化课堂的追求？我们要重视知识探究过程及方法的启迪，还要不要关注其中负载的情感态度价值观？我们要做专业化的'经师'，又怎样做一个有责任感的'人师'呢？"

教师更应该成为一名农夫，而不是一位手工业者。因为"人不是一件东西，他是一个置身于不断发展过程中的生命体。在生命的每一时刻，他都在成为却永远尚未成为他能够成为的那个人"。正如应龙兄所言，教育像农业一样需要信任，需要宽容，需要耐心，需要期待，需要守望。虔诚负责的播种，是为了"人格心灵的唤醒"，使其顺势成长，这也正是教育的核心。

古人云："耕所以养生，读所以明道。""渔樵耕读"乃农耕社会的四业，也是现代人无限向往的一种恣意田园、淡泊自如的人生境界。在喧嚣的节日里，看过了繁华市景，收拾起你的心情，在灯下夜读，任时光悄悄流淌，任往事肆意翻飞，这是怎样的惬意和闲适。师者如华应龙正是在闹市的书斋中，在纯真的心灵上，忙碌又惬意地耕种着。最后，望着碧连天生机勃发的田园，拈花微笑，轻合眼。

今应龙兄大作即将付梓，我有幸先睹为快，借题发挥，聊表敬意。

是为序。

肖　川

2009 年 8 月 9 日

（肖川：北京师范大学教授、博士生导师）

序四　读华应龙

看了华老师的《我就是数学》《我这样教数学》两本书后，我有一个感慨：要读懂一个老师的课，恐怕要读懂一个人。自然，光从文字方面是不够的，但他的文字好像是能够让人更加清晰地读懂他。在读书过程中，我读出来的一些东西可能不一定对，但确实是我读出来的。

从华老师的人生来看，他是一个不服输的人，是一个善于从挑战当中实现自己发展的人，也是一个善于抓住发展时机的人。他是一个比较清醒地知道自己需要什么，可以怎么去实现自己需要的人。从书里面还可以看出他的个性，他是一个心态非常积极的人，是一个比较率直的能够在自己文字当中直抒胸臆的人，是一个自信而略带狂气的人，也是一个精力充沛的人，一个好学的人。

从书中的案例来看，他是一个非常喜欢学生而且能够读懂学生的人，是一个热爱数学和潜心研究数学的人，也是一个有底蕴的人。在我听到的课上，他是一个自如的人，是一个追求课不润人誓不休的人，一个具有自己教育思想和教学风格的人。

华应龙的书像他的课一样具有鲜明特征，都表达了自己的教育追求。他把自己的风格概括为"化错",而且在这个"化"字上面做了很大的文章。

我觉得教学风格不是一下子可以说明白的,用"化错"概括他的教学风格似乎还不够。我一直在琢磨,他是名师、基础教育工作者、北京数学领域带头人,到底用什么东西可表达他的风格?这让我想得很苦。一天早晨我突然明白了,悟出来了,可不可以用两个字概括他的教学追求和教学风格?这两个字就是"求化","化"就是化解的化。我觉得可以从几个方面说:

第一个"化"是努力将自己对人生对数学的领悟化到数学教学当中,他把数学和他的人生化为一体,所以他喊出了"我就是数学"这句听起来有一点狂气的话,但这是他愿意把自己的一生跟数学化在一起的表达。

第二个"化"就是在数学教学过程当中,把"趣"字化为严谨的"思",他从"趣"入手唤起"思",又以"思"升华"趣"。前面的"趣"是有趣,后面一个"趣"则是对数学对科学的研究的"趣",那是一种升华的"趣"。从"有趣"开始到体会发现创造那种"乐趣"。

第三个"化"是他把人文生活,中国传统文化有意义有价值的东西,他自己领悟了的东西,化到他的学科教学当中,使他的数学教学呈现一种人文的关怀。

第四个"化"就是将课堂当中、学生在学习过程当中呈现的各种各样的资源化成教的资源,把学的资源化成教的资源,通过教把学生思考领悟引入到新的层次,再化为学生真实的学。在他那里教与学不是谁先谁后,而是互化的一个过程。

第五个"化"是他把难化为易,把易化为深入,把点化为面,把每一节课化到学生的精神生命成长当中,他承担起了一个教师应尽的责任,这就是对学生成长的点化。

我并不是说华老师的"化"已经是尽善尽美。"化"是一个无止境的过程,万物都可以互化,教育的过程就是一个朝着教育目标不断地努力和转化的过程。另外,有别才能有化,如果没有区别的话,就不会有转化。

　　他的研讨课给我们留下了思考空间，也为华老师今后的发展留下了思考空间。我相信我们只要有志于"化"，着力于"化"，就会渐渐走进教育本身，因为教育就是一个转化的过程，没有转化就没有教育。当然，这个"化"还有很多的内容。我相信，华老师继续向前，可以走到教学中出神入化的境界。

　　看华应龙的书，我觉得"华应龙"三个字跟"化"有一点缘，"应龙"出自屈原《天问》："河海应龙？何尽何历？鲧何所营？禹何所成？"在古代神话里面，"应龙"是一条带着翅膀的黄龙，它是帮助大禹治水的，它用它自己尾巴画的江河让洪水得以疏通。还有一个说法是"应龙"是蓄水行雨的，它战胜蚩尤，杀了夸父，然后到南方去了。华应龙恰是从南方来的。大禹和他父亲鲧在治水方面最大的差异就是他不是用堵而是用疏，恐怕教育也不能用堵，要用疏。

　　华应龙到了北京，我希望他把我们教育上的沙尘暴（如果有的话）化成雨水！开个玩笑。

叶　澜

（叶澜：华东师范大学终身教授，博士生导师）

自序 我就是数学

1992 年暑假，也就是工作 8 年之后，我作为一名乡村教师，参加江苏省海安县教育局组织的教育教学能力考核，获得了第一名的好成绩。当我喜滋滋地到教育局人事股取回交验的证书时，人事股长陈祥斌老师的一句话，让我的心情很是不爽——"华应龙，你怎么什么比赛都参加？"教育局组织比赛，不就希望老师们参加吗？我参加了各种评比——教学比赛、论文评选、课件制作比赛、好新闻评比、知识竞赛……我都能得奖，说明我是全能型教师啊！

提着一大口袋的证书，大概 30 多本吧，我反复地问自己："你怎么什么比赛都参加？"走在回家的路上，我十分感激陈祥斌股长醍醐灌顶的一问。

后来，看到诺贝尔奖获得者杨振宁先生放弃参加 5 万美元比赛的故事，我彻底明白了"你怎么什么比赛都参加"的答案。

1949 年夏天，杨振宁先生因学习成绩优异被推荐到美国普林斯顿高等学术研究所担任研究员。当时，科研人员收入普遍较低，他每月都得掰着指头过日子。一天，他偶然在报纸上发现有家公司正在举办填字竞赛，最终的优胜者可以得到 5 万美元的奖金。他被这笔丰厚的奖金深深吸引住，便邀了几位中国留学生一起报名。

　　经过 4 天 3 夜的反复琢磨，他们终于填写完所有的答案，满意地交了卷。2 个月后，主办单位寄来函件，祝贺他们取得最高分。可是，还有一组选手的分数和他们一样高，必须通过加赛一道难度更大的测试题来决出最后的胜负。

　　眼看巨额奖金就要到手，杨振宁先生激动万分，再次邀齐几位留学生，开始新一轮的分工合作。他把自己关在图书馆里，昼夜不停地查字典，直到第三天清晨被困乏折磨得再也坚持不住，这才想起要回宿舍睡上一觉。

　　在宿舍门口，杨振宁先生顺手买了一份《纽约时报》，无意间看到头版醒目地刊登着《日本汤川秀树获得物理学诺贝尔奖》的标题。他不禁停下脚步，仔细阅读整篇报道。刹那间，他的心似遭受电击一般。他反复问自己："你现在是在干什么？"他意识到自己近期的所作所为实在错得离谱，下定决心再也不能偏离正确的人生轨道，被那些微不足道的利益蒙蔽。于是，他用力地撕碎了这几天整理出来的所有词语记录。

　　此后，杨振宁先生执著地走上了科学研究的寂寞道路，直到 8 年后也荣获诺贝尔物理学奖。

　　哦，我明白了——

　　我"怎么什么比赛都参加"？因为我特想彰显自己的存在，改变自己的生存环境；我"怎么什么比赛都参加"？因为我都想得，不肯舍；我"怎么什么比赛都参加"？因为在获奖的虚荣中我得到一份满足，就像 2012 年 5 月《广州日报》披露的广东肇庆一名五旬教师一样，17 年间倾尽家财，购买"共和国之星"等各种证书 200 多个。现在想想，当年的我应该是比广东的那位老师更厉害，因为，他为证书，花的是家财，而我为证书，用的是自己的生命。

　　教师的工作本来已经十分辛劳，在忙碌的时候，我们不妨抽空停下来，叩问自己的心灵，问清楚自己到底要什么，反思自己到底在干什么。我们老师喜欢说："我工作很忙，没有时间思考。"这句话，我愿意反过来说，与朋友们共勉——"因为我们没有思考，所以工作很忙。"

现在，如果有朋友问我："你喜欢什么？"我回答："我就是数学。"为了和数学约会，我喜欢上了做数学题，看有关数学的专业书籍。学生爱看的书，我也看。谈祥柏教授的趣味数学专辑出一本，我买一本。张景中院士的《数学与哲学》被我翻烂了，我用不同颜色的笔在书上反复批注着。优秀教师写的数学教学专著，对我来说，如同至宝。当年在江苏农村做老师时，就邮购了李烈校长的《我教小学数学》。

现在，如果有朋友问我："你能做什么？"我回答："我就是数学。"虽然工作之初，教了3年体育，教得还不赖，但兼教的数学更是风生水起。虽然，我做过主管一个乡镇的幼儿园、小学、中学、成人教育的行政人员，做得有声有色，《江苏教育报》头版还以《遨游教海的一条龙》为题报道，但我还是把自己安排到乡村小学执教一个班的数学。虽然曾有机会被调到省政府坐办公室，但我还是因为舍不得离开数学课堂，谢绝了领导的好意。古人云"百无一用是书生"，我是"百无一用是数学"，这我很清楚。

现在，如果朋友有问我："站在讲台上，你是什么？"我回答："我就是数学。"教师就是他所教学科的大使。马克斯·范梅南在《教学机智》中说："一位科学课教师不只是一个碰巧讲授科学课的人而已。一位真正的科学教师是一位反思着科学，探索着科学的自然属性和自然界的科学的人——一个真正的科学课教师是一个体现了科学并身体力行的人，从某种强烈意义上说，他就是科学。"我上出的数学课，学生喜欢；我命的数学考题，学生喜欢；我讲的数学故事，学生喜欢；我的微笑，学生喜欢……在校园里，多数学生叫我"华校长"，偶尔会有学生叫我"华应龙"，时常有小调皮叫我"华罗庚"。学生叫我"华罗庚"，我喜欢。我喜欢这个数学符号化的称呼，还写过一篇《学生叫我"华罗庚"》的小文章发表在《人民教育》上。

"我就是数学"乃是自我安顿、自我期许和自我鞭策。既用数学修身，也用数学育人，还用数学立命。

　　人生的格调是由"不屑做什么事"开始的。否则，随波逐流，歧路亡羊，虚耗一生。人生的正途是从择善固执到止于至善，有所不为和有所必为。"一生只做一件事。"我的一件事是什么呢？那就是数学。歌德说："谁不能主宰自己，便永远是个奴隶。"我能守望数学，本身就展示了一种精神的力量与理想的感召。

　　周国平在《朝圣的心路》中说："我不想知道你有什么，只想知道你在寻找什么，你就是你所寻找的东西。"我在寻找数学，因此，我就是我所寻找的数学了。

　　我有一个梦："我就是数学！"——虽不能至，心向往之。

　　所以，2009 年，出版我的教育随笔集的时候，我取书名为《我就是数学》。

华应龙

本文首发于 2012 年第 17 期《人民教育》

2019 年 10 月 15 日修改于北京圆方斋

第一辑

课前慎思

艾森豪威尔年轻的时候，有一次和家人玩牌。他连续几次都拿到很糟糕的牌，情绪非常不好，态度也开始恶劣起来。她母亲见状说了段令他刻骨铭心的话："你必须用你手中的牌玩下去，就好比人生，发牌的是上帝，不管是怎样的牌，你都必须拿着。你所做的就是尽你的全力，求得最好的结果。"把差牌玩好，就是更大的成功。其实，那样的牌也不能算作差牌，而是考量我们眼力和心力的"金牌"。

脑袋磕破后的笑声

朋友问我在北京忙不忙，我常常会说，上厕所基本上是小步跑，很少有闲庭信步的时候。您相信吗？现在有例为证了。

2007年的一个星期三，完成了李烈校长交给的一项急活，我照例是小步跑去上厕所。"啪！"我重重地仰面摔倒在楼道里。脑子里"嗡"的一声，只听见一个惊慌失措的声音："对不起，对不起！华主任，没事儿吧？"我睁眼一看，手拿拖把的工友就在我前面不到一米的地方愣愣地站着。我赶紧说："没关系，没关系，是我自己没走好，不关您的事。"伸手一摸后脑勺，满手掌的血！原来，后脑勺磕在门框上，破了！在两位同事的陪伴下，我去旁边的北大人民医院缝了六针，戴上了像郝海东在足球场上受伤后戴的那样的头罩。

晚上，李烈校长知道后，很是心疼地打来电话慰问我："……都是为了我……周六你还要做课，怎么办呢？"李烈校长就是这样一个常常让你感动的人：不是她的责任，她也会揽过来；你没想到的，她会为你想到。是啊，后天还要做一节观摩课，总不能像郝海东那样壮烈地戴着头罩上课吧。

课是不好推掉的，我决定戴着帽子上课。于是我和夫人一起跑了西单两家商场，终于买到我喜欢的印有"2008"字样和"中国印"的帽子。

不管是夏天还是冬天，我都不戴帽子，更不用说戴着帽子进教室了。而且，我也压根没有看到过哪位老师戴着帽子给学生上课的。戴着帽子上课一定很别扭。怎么能够让自己有个比较体面的交代？头磕破后的两天里，我一直在思索这个问题。可是，没有想到解决的办法，连一丝头绪都没有。

周六上午就要上课了。周五晚上十点多钟，我在飞机上修改完一个课题报告。飞机即将降落，按空姐的提示我关掉了电脑，很是享受地靠在椅背上，长长地舒了一口气。突然，脑中灵光一现，我赶紧从飞机前排后面的口袋中抽出清洁袋，美滋滋地在那个清洁袋上把想到的方法记了下来。

"小朋友们，此时此刻，看到站在讲台前的我，你最好奇的是什么？（或：你觉得我最特别的是什么？）做真人，说真话（怕学生不敢说出戴着帽子的怪怪的老师）……猜猜我为什么戴帽子呢？……不告诉你，是个谜。"

"下课，谢谢同学们！（脱帽、鞠躬，大幅度的鞠躬是为了让更多的学生看到我后脑勺上的白纱布）同学们再见。"

实际教学的情景和我预想的差不多。

第一个学生说"您的腰杆特别直"，第二个学生说"您戴着帽子"。

在学生说出了我最特别的是"戴着帽子"后，我考虑到教学内容是"中括号"，于是，不是问"猜猜我为什么戴帽子呢"，而是问"我为什么要在头上加个帽子呢，猜一猜"，这与课上的算式中要"加上"一个中括号正好吻合。

有学生说我没有头发，有学生说我发型不好，有学生说戴帽子显得年轻，有学生说戴着帽子特别有风度，有个学生说是为了推广 2008 奥运……

听了学生五花八门的猜测后，我说："帽子有各种各样的功能，可以是宣传，如美女头上的广告帽；也可以是提醒，如小学生头上的小黄帽；还可以是装饰，如大明星头上的帽子。可以是保暖，也可以是遮阳，还可以是遮羞。那我戴帽子到底是为什么呢？不告诉你，是个谜。"我把总结落在功能上，与中括号的功能正好衔接。

下课时，我总结完中括号改变运算顺序的功能后，摘掉帽子，深深地一鞠躬。孩子们轻轻地笑了，听课老师中响起了掌声。是啊，不少听课的老师一定也是一脑子的不解："怎么能戴帽子上课呢，要什么酷？"

"哈哈，脑袋上加个帽子和算式中加个括号是一样的，都是因为有着某种需要，帽子和括号都有着特别的功能！"

更热烈的掌声在礼堂里响了起来。有老师说："看到您戴着帽子，就知道里面有戏，但不知道是迫不得已。"磕破脑袋，是无意的；但把磕破的脑袋给用起来，却是有心的，是苦苦追寻的。

尴尬啊，磕破了脑袋，整天戴着个帽子。太有趣了，磕破的脑袋和一顶帽子合成了一件难得的"教具"。真开心啊，因祸得福，我把尴尬的事件变成了有趣的资源。真所谓："上帝为你关了一扇门，必将为你开启一扇窗。"

摸着后脑勺上的伤疤，我想起了美国前总统艾森豪威尔母亲说过的一段话。艾森豪威尔年轻的时候，有一次和家人玩牌。他连续几次都拿到很糟糕的牌，情绪非常不好，态度也开始恶劣起来。她母亲见状说了段令他刻骨铭心的话："你必须用你手中的牌玩下去，就好比人生，发牌的是上帝，不管是怎样的牌，你都必须拿着。你所做的就是尽你的全力，求得最好的结果。"把差牌玩好，就是更大的成功。其实，那样的牌也不能算作差牌，而是考量我们眼力和心力的"金牌"。

怎样的教学能算是好的教学？对此有很多维度的界定。天下事不如意者十之八九，谁没有难堪的时候？但老师如果能把自己的尴尬巧妙地利用起来，能把突发的、不期而遇的、不利的事件转化为难得的、恰到好处的、有用的教学资源，绝地反击，妙手回春，把课上得让学生恍然大悟，这样的教学是否可以算作好的教学？

在教学中，还可能发生哪些不愿发生却实实在在地发生了，且是不利的事件呢？碰到这类事件，该采取何种教学策略呢？是因为这是属于缄默的知识，还是因为我没有能够深入其中，所以语焉不详？我能发现帽子和括号的联系，是否与自己一贯追求活动和教学内容有机联系有关？

事物之间总是存在着微妙的联系，关键是发现那种联系。怎样才能发现呢？朱光潜先生在《谈美》中指出："在意识中思索的东西应该让它在潜意识中酝酿一些时候才会成熟。功夫没有错用的，你自己以为劳而不获，但是你在潜意识中实在仍然于无形中收效果。"我想："灯火阑珊处"的"那人"，如果不是"千百度"地有意识地寻，就不会有那份"蓦然回首"的惊喜与回味！

摸着后脑勺上的伤疤，我幸福地笑了。

不抛弃，不放弃，要扬弃

近一段时间，我借班讲"圆的认识"。在课前准备环节，我总喜欢借学生的橡皮。以下是教学实录：

师：来，我们收拾一下桌面。桌面上应该有圆规、三角尺、铅笔，还有老师发的一张白纸。请把其他东西收起来，放到抽屉里。

（生纷纷收拾。）

师：动作真快！（表扬完了，故意东张西望，先是迟疑，后是欣喜）我看到有同学桌面上还放了橡皮，正好是我想借的。谁愿意把橡皮借给我？

（生慷慨地，把橡皮举得高高的；还有学生要从抽屉里拿出来，老师制止了。）

师：（把周围学生的橡皮一块一块地借了过来，并显出非常感谢的神情）我借这么多橡皮，干什么用呢？猜一猜——

生：你自己写错了，要擦。

生：做魔术。

生：看橡皮是什么形状的。

生：用橡皮拼圆。

师：（一直微笑着，不置可否）我借你们的橡皮干什么用呢？哈哈，是为了让你没有橡皮用。（学生们笑了）没有橡皮，下笔会更慎重。错了，也不白错，抓住"她"好好欣赏，看看能从中学到些什么！

（生懂事地点点头。）

师：这样，这节课我们就约定不用橡皮，好吗？请同学们把橡皮收到抽屉里。我相信大家会守信用的。

（老师把借的橡皮再还掉，学生们把橡皮收到抽屉里，脸上露出会意的微笑。）

我为什么要借学生的橡皮呢

"没有橡皮，下笔会更慎重。"这是自然的结果。当我们做事情没有依赖的时候，自会多几分慎重。现在的学生很浮躁，缺乏责任心，往往不肯静下心来想好了再动笔，常常是毛手毛脚，一看就动笔，一动笔就错，一错就擦。宁静才能致远，逼学生静心思远，对学生的成长是有好处的。

"错了，也不白错，抓住'她'好好欣赏，看看能从中学到些什么！"学生在学习过程中出现错误时，学生和老师总是习惯性地认为是"粗心"。其实，学生做错一般都不是因为"粗心"，往往是因为感知、技能和思维的缺陷。恩格斯说："最好的学习是从差错中学习！"画圆就仅仅是画圆吗？其实，画圆是通过画出的圆进一步认识圆，认识圆的特征。不妨再一起分享其后的对应的教学片段——

师：刚才我巡视的时候，发现同学们都会画圆了！会画圆的请举手。（生热情地高举起小手来，跃跃欲试）画圆一般得用圆规，古人说"没有规矩，不成方圆"。现在请大家用圆规画一个直径是 4 厘米的圆，边画边想：我们是怎样画圆的？

（生立刻投入地画起来，师巡视并收集学生不圆的和圆的作品。刚展示一幅不圆的作品，学生们便都笑起来。）

师：（意味深长地）孩子们，圆的样子都是一样的，不圆的样子就各有各的不同。想想这样的"不圆"是怎样用圆规创造出来的?

(学生们热情高涨,争着抢着举起手来。)

师:(悠悠地)想——不说——继续欣赏!

(有两个学生的作品确实是圆的,但一大一小。)

师:(作思考状)我也有点纳闷了,要求画一个直径4厘米的圆,那么大家画出来是不是应该一样大?怎么有大有小呢?

师:从这些作品中,我们是不是看出画圆并不是件太容易的事?

(学生纷纷点头表示同意。)

师:画圆时要注意些什么呢?小组里交流。

(学生交流、汇报。)

师:是啊,圆心只能"一中",半径一定"同长"。当我们真正理解了祖先的"圆,一中同长也",才知道以前就听说的"圆心""半径"是多么重要的两个词啊!

当时,讲到这里,我看到学生闪亮的眼睛,心情真舒畅。这样不就把经验、直观与抽象结合起来了吗?不就是建立了一套术语概念系统吗?

这个环节,对学生画出的"不圆""大圆""小圆"的资源化运用,感觉真好:有画法上的启迪、特征上的彰显,也有情感上的善意、借走橡皮的回应,那意境真有"留得残荷听雨声"的美妙。

我为什么会想到这样子来借学生的橡皮呢

讲"圆的认识",圆的画法是应该教的,以促进学生更好地学,但不应该一二三地"灌",而应该让学生自己"由误到悟"。

我回想起自己以前在黑板上画圆时,画出的圆经常不是很圆,于是赶紧擦掉重画。为什么总是画不圆呢?我发现要么是由于圆心滑动,要么是由于圆规两脚距离的改变。我追问:这不正突出了圆的特征吗?"不圆"的作品,是不是课堂中的生命体?是否应该珍惜?是不是不该随手擦掉呢?

因此，备课时，我就计划好，如果我在黑板上画的圆不标准，不擦，也不急着重画，而是和学生一起分析"为什么不圆"。这是对圆的特征的再理解。进而，我思考：那学生的不圆的作品呢？怎么把它们也用起来？因此我就想到了把学生的橡皮借过来。

刚开始讲这节课时，我真是把学生的橡皮"借"得一块不剩。有老师对我"借橡皮"提出了异议，认为"收学生橡皮不好""这是不相信学生"。我知道这意见很珍贵，很正确，但我又认为这是我多年研究"差错资源化"的课题实践，这是践行自己"课堂因化错而精彩"的教学理念，并且是为了更好地教育学生，牺牲一点点"小我"又何妨？因而我不想，也舍不得把"借橡皮"这个环节去掉。不过，心里挺别扭的，就像明明知道自己"脸上长了一个瘤，额上长了一个疮"，却讳疾忌医，于是很担心被鲁迅讽刺说"红肿之处，艳若桃花；溃烂之时，美如乳酪"。

理当从善如流，那我能不能既保留"借橡皮"又吸纳老师的意见？两天后，我想到了"先借后还"的中庸之招。

这样，在正式上课之前，看似不经意的整理文具，一借一还，一惊一乍，一波三折，师生情感在其中融通，学习心向在其中萌发。

从推敲借橡皮的经历中我学到了什么

回顾"借橡皮"的前前后后，我深深地体悟到：被批评是幸福的，批评往往带来不同的视角，当从内心深处欢迎批评；批评是金，如果批评不是金，那它一定可以是点石成金的指头。

回顾"借橡皮"的前前后后，我深深地体悟到：珍惜当下的一切，差错也是一种资源。成功失败都是收获，酸甜苦辣都有营养。

庄子曾说："始生之物，其形必丑。"他还说过："其作始也简，其将毕也必巨。"一个有价值的创新设计，开始的时候都会有缺点、疏漏甚至错误。如果一听到不同的意见，就放弃，那无异于把婴儿和洗澡水一起倒掉了。

哲学家们认为，在事物的发展过程中，每一阶段对于前一阶段来说都是一种否定，但又不是单纯的否定或完全抛弃，而是在否定中包含着肯定，从而使发展过程体现出对旧质既有抛弃又有保存的性质。因此，借鉴大家的批评意见，对原来的创新设计，取其精华，去其谬误，止于至善，是应当提倡的思维方式。简言之，不抛弃，不放弃，要扬弃。

学无止境，教无止境，我们应该不断精进，不断否定自己，不断超越自己，就像硬汉海明威说的"比别人优秀并无任何高贵之处，真正的高贵在于超越从前的自我"。

思维决定视野

小学四年级数学"角的度量"，课始——

    师：孩子们请看屏幕。（出示第一个倾斜度比较小的滑梯）玩过吗？

    生：（自豪地）玩过！

    师：（微笑着）地球人都玩过！（出示第二个倾斜度稍大的滑梯）想玩哪个？

    （大多数同学说第二个。）

    （师再出示第三个倾斜度很大的滑梯。"第三个！"不用师问，生脱口而出。稍后，好多同学笑着改变了主意："啊，第二个。"）

师：（满意地笑了）同学们笑了，笑什么？

生：第三个太斜了。

师：这个"斜"字用得很好。

生：第三个太陡了。

师：那这三个滑梯不同在哪呀？

生：三个滑梯有高有矮。

师：对，有高有矮。还有什么不同呢？

生：（异口同声地）角度！

师：哎呀，厉害！了不起！有一双数学的眼睛！（课件抽象出三个角）第一个滑梯不好玩，第三个滑梯不能玩。（隐去两个角，留下第二个滑梯的角）那么滑梯的角多大才算合适呢？这就需要量角的大小，是不是？

生：是。

师：今天这节课我们就一起来学习——（板书：量角的大小）

老师们听完课后，直夸三个滑梯设计得好，从司空见惯的场景中发现了有价值的数学问题，好多老师好奇地问："华老师，您怎么想到的？"

关于"角的度量"一课，我回忆自己和同行们的课堂教学，发现存在着这样的问题：我们艰难地、枯燥地、机械地让学生量了各式各样的角，但是没能让学生感受到量角的用处。

那么，度量角的大小是屠龙之技，还是学习生活中必不可少的技能？能不能创设一个好的问题情境？

刚开始，我搜寻生活中的角，发觉生活中的角都不需要量，因为大多是直角。

在一筹莫展了一周后，我躺在床上发现衣柜里衣领的角是千差万别的，我很兴奋。进而，我发现牙刷上也有非常讲究的角，椅子靠背向后倾斜一定的角……真是定能生慧，随着定力的滋长，我眼中看到的都是各种各样的、大小不同的角。

那为什么要量角呢？怎么让学生感受到量角的必要？

又经过三天的搜寻、比较、思考，我设计了大头儿子和小头爸爸配玻璃的情境：小头爸爸在商场里要为家中配两块扇形玻璃（课件出示两块扇形玻璃，半径相同，一个圆心角是 35 度，另一个圆心角是 105 度），但忘记量大小。因此，他打电话给家中的大头儿子。大头儿子先找直尺量出半径，再量圆心角多大时犯难了。怎么办呢？

这样的情境暗含着量长度和量角度的联系和区别。量长度是学生已知的，而量角度是学生未知的。长度是一维的，角度是二维的。但量角度也要像量长度那样从 0 刻度线开始。这样的问题解决可以唤起学生量长度的经验，为探索量角度的方法提供支撑，还能为很好地解决学生分不清看内圈刻度还是看外圈刻度的问题，为课尾总结度量的相同点做了铺垫。

35 度和 105 度的两个角，为学生尝试用三角尺上 30 度的角来比着量提供了空间，但又不正好是 30 的倍数，就为统一度量单位做了铺垫。

这样的教学情境，不可以用比画来解决问题，没法用普通语言表达清楚，凸显了数学表达的价值。

可是，和大家讨论的时候，刘坚老师不认可，理由有二：第一，这样的情境是很有价值，可是一般的老师想不到。第二，这样的情境不常见，有些假。

我忍痛割爱，决定另觅新境：真实、简单而又有问题的情境。

我以学生的视角来看世界，从儿童的生活中来寻找。终于，滑梯进入了我的视域。这是地球人借助自身质量来玩的游戏，不管是城市还是乡村的小孩一定都玩过。要比较，得有两个滑梯，于是我拿起笔在纸上画了两个滑梯，画完第二个滑梯，我不由自主地画出了第三个滑梯。看着自己画的三个滑梯，想象着课堂上学生看到第三个滑梯时的情景，我幸福地笑了。

我终于找到了既真实又有趣，还能引发学生学习需求的滑滑梯情境。

想到前两个滑梯很正常，想到第三个滑梯是得益于我懂得"极限思维"。

大家都知道一个苹果掉到牛顿头上的故事，可是可能好多人不知道牛顿当时怎么想的。我从牛顿传记中知道牛顿是这样想的：苹果为什么会掉到地球上来而不是飞上天呢？如果苹果树有 100 英尺高，苹果还掉到地球上来吗？200 英尺高呢？1000 英尺高、10000 英尺高呢？"假如苹果树有一天长到月亮那么高，苹果还会落到地上吗？"……

十多年前，我曾在报纸上写文章介绍一道题的解法："两人在圆桌上轮流平放一枚同样大小的硬币。谁放下最后一枚而使对方没有位置再放时，谁就获胜。假设两人都是高手，试问是先放的胜还是后放的胜？"有人认为是先放的胜，有人认为是后放的胜，还有人认为谁先谁后无所谓，更多人莫衷一是。其实，您只要假想——如果圆桌面很小，小得和硬币一样小，那么是先放的胜还是后放的胜就不言自明了。当然，您也可以把硬币想得很大，大得和圆桌一样大，答案是一样的。

极限思维就是把所思考的问题及其条件进行理想化假设，当假设被一步步地推到极端时，问题的实质就会水落石出。所以，我想我能够想到第三个滑梯，就得益于这样的思维方式。爱因斯坦说："你能不能观察到眼前的现象，不仅仅取决于你的肉眼，还要取决于你用什么样的思维，思维决定你到底能观察到什么。"

当然，有了这样的思维，还需要一颗永不放弃的坚持的心，才能有所得。古人说："愚者千虑，必有一得！"

有之以为利

前不久，多家媒体报道了重庆市小学老师高丽娅为自己的教案本被学校处理掉而和自己的学校打官司的新闻。对于这起历时一年多的全国首例教案官司背后的法律问题我们暂且不论，我关心的问题是：我们有多少教师能像高丽娅老师那样肯为自己的教案去打官司？值吗？

有老师说了："教案只是形式上的东西，上课时就用不上，领导检查过后就更没用了。写教案是在浪费时间，根本没必要写。"

果真如此吗？

我想用反证法，举个特别的例子。请问：您上过比赛课吗？或者上过观摩课吗？或者上过展示课吗？或者上过考核课吗？或者上过学校领导或是本校教研组老师来听的课吗？上这些课前您也没写教案，是吗？如果您都回答"没有"，那么，我知道了：您不是一位十分优秀的"信得过"老师，就是一位即将下岗的老师。

有老师要说了："华先生，那可不一样啊！"是的，那的确不一样，只是个别的情况。可是一位优秀的教师，一位有专业追求的老师就是要把平常的课上成这样个别的课。全国著名特级教师孙丽谷就是这么做的，也是这么说的："把平常的课当作公开课来上。"

教案写了肯定有用，问题是我们为什么会觉得写的教案没有用。

第一，写教案的出发点是为了应付检查。这样写出的就会是"为他（领导）教案"，而不是"为我所用"的教案。这样的教案压根就没想在课上用。

第二，写出的教案没有个性，没有结合学生和教师自己的实际。这样不动脑子琢磨推敲只动手抄写的"徒手教案"，也可能导致了教案的无用。

第三，课堂的生成性，知识的生长性，使得预设的教案用不上了。关于这一点我想多说几句。

《老子》第十一章说："埏埴以为器，当其无，有器之用。凿户牖以为室，当其无，有室之用。故有之以为利，无之以为用。"这段话很巧妙地说明了"有"和"无"的辩证关系。一个碗或茶杯中间是空的，可正是那个空的部分起了碗或茶杯的作用。房子里面是空的，可正是因为是空的，所以才起了房子的作用，如果是实的，人怎么住进去呢？《老子》作出结论说"有之以为利，无之以为用"。它的意思是说："有"给人便利，"无"发挥了它的作用。一般人只注意实有的作用，而忽略空虚的作用。"有"和"无"是相互依存、相互为用的。无形的东西能产生很大的作用，只是不容易为一般人所觉察。老子特别地把"无"的作用彰显出来。

这么来看，我们写出的教案可能有些部分"无用"，但"无用却是最大的用"。"有"让我们更好地把握课的走向，而我们实际用的是教案字里行间的"无"。如果整个教案都是无用的，那我们是不是应当反思我们写的教案是不是出了问题呢？

我关心的另一个问题是：写教案，理当是教师专业发展的自主化行为。为什么老师要跟自己过不去，写出自己都认为无用的教案？

我要说：这是传统的教案管理方式逼的！

新课程改革背景下的教案，当还其本来面目。写教案是为了自己上好课，是为了学生的成长，也是为了自己的发展。当下，"教师成为研究者"还只是处于价值引导的呼吁阶段，当它成为我们大部分老师的主观诉求，教师不再甘做"教书匠"时，那么写教案就会成为一种自觉行动、自我要求。作为教育教学工作的领导者，我们更多的应当是探讨如何引导教师在繁重的工作负担下提高写教案的实效性。

正如高丽娅老师所说："那教案是花费大量心血完成的，里面包含了自己的经验和思想。"

　　因此，作为一位有 20 年教龄的教育工作者，我特别提醒改革中的勇将们，别把"婴儿和洗澡水一起倒掉"，教案还是要写的，只是写法可以不同，不必强求一律。

人师：教育人的追求

在教学四年级"计算器的使用"一课中，我让学生计算三道题——

①57734 + 7698 =　　　②56 ÷ 7 =　　　③2345 − 39 × 21 =

师：看看你自己是不是真的会用计算器，看谁算得又准又快，开始。

（学生开始用计算器计算。）

师：第一道题等于多少？

生：65432。

师：第二道题不用说了，是吧。第二道题有用计算器的吗？

生：用了。

生：没有用。

师：第三道题呢？

生：1526。

师：还有其他的答案吗？

生：48426。

师：不过大多数同学都是哪个答案？

生：1526。

师：究竟哪个答案对呢？

生：我们的1526。

生：其实48426也是对的。不过，可能她的计算器是算术型的，不知道先乘除后加减。

生：因为如果是科学型计算器的话，应该知道先算 $39×21$；要是普通型的话，按顺序输入就会先计算 $2345-39$ 的得数然后再乘 21，所以等于 48426。

师：（作恍然大悟状）噢，真佩服！大家的计算器可能大多不是科学型的，不是聪明型的，而是傻瓜型的，就像傻瓜照相机一样。傻瓜型的计算器就会按输入顺序计算，算下来的结果就是 48426。我很佩服刚才这个同学的分析。其实，我们还可以用估算来分析一下，是不是？谁来说说怎样用估算来判断？

生：先把 2345 约等于 2300，然后把 39 约等于 40，21 约等于 20，20 乘 40 等于 800，$2300-800=1500$。

生：还可以更简单地估算。2345 减去一个数不可能大于 2345。

（报出"48426"的同学，羞愧地点点头。）

师：看到这个"48426"，让我想起一个发生在我自己身上的真实的故事。前不久，我要外出参加会议，于是打电话购买了三张机票，从北京到杭州，再从杭州到成都，最后从成都回北京。在北京买机票，是送票上门的。一个小时后，送票的小伙子来了，他递上三张机票。说"一共是 2470 元"。我付完钱收起票，赶紧完成要上报的材料。晚上，杭州的老师打电话问我准确的起飞时间，我拿出机票一看："哈哈，钱算错了。"

是送票的小伙子粗心算错了？肯定不是，他只顾按地址送票，按清单收钱。卖机票的营业员没有认真算？不可能，她们都会细心地用计算器算的。那怎么会错的呢？不得而知，反正我是一看机票就知道错了。

从北京到杭州 1130 元，从杭州到成都 1430 元，从成都回北京 910 元。你会估算吗？

生：$1200+1500+1000=3700$（元）。

生：$1100+1400+900=3400$（元）。

生：$1000+1000+900=2900$（元）。

（同学们纷纷点头认同。）

师：这么一估算，就知道"2470 元"肯定是算错了。听了这个故事，你想到什么？

生：估算真好！

师：估算是挺有用的，我们要养成用计算器计算之前或之后估一估的习惯。

生：那 1000 元钱，您退了吗？

（不少同学都笑出了声，意思分明是"你怎么问出这样的问题"，但也都是以好奇的目光看着老师。）

师：当然退了，本来就不是我应得的钱。发现以后，我立即就打电话过去了，那位经理感激不已。

三道题中加法、减法、乘法、除法四种运算都有，但一题有一题的价值，三题相辅相成，相得益彰。

第一，为什么要用计算器？或者说什么时候才用计算器？是遇到大数目的计算时才用计算器来帮助，并不是所有计算都需要用计算器。

第二，孔子说"工欲善其事，必先利其器"。要真正用好计算器，首先要熟悉你的计算器，要知道它是聪明型的还是傻瓜型的。像第三题，聪明型的计算器，当然可以直接输入了；傻瓜型的计算器，最好要学会用"M＋"和"MR"这两个键。使用计算器时要注意运算顺序。

第三，估算能够帮助我们发现计算器使用中的错误。

那我为什么讲这个故事呢？

生活中，人们常常十分相信计算器，学生说出"其实 48426 也是对的"就是佐证。因此，这是不要迷信计算器的难得的教育契机。

同时，这也是帮助学生认识估算价值的良好题材，它使书本数学回归了生活。营业员没有估算，险些搭上她一个月的工资；我会估算，一眼就看出差错。

这个故事发生的时候，我只想到了退钱。大约是十多天后，才想到可以把这一资源运用起来，很好地帮助学生理解器算与估算的关系。但我考虑到：在讲数学的同时，有老师自我表扬的成分。怎么办？后来我想通了：教学即教育，教师不但应当是经师，还应当是人师。退还不当得利，是应当的；平淡的叙述，以身立教，也是应当的。

子曰："君子坦荡荡，小人长戚戚。"

于是，我释然。

其实，只要是老师身上的故事学生都会感兴趣，哪怕是平淡无奇的，学生也会听得津津有味。何止是故事，老师在"下水解题"过程中出现的困惑、差错，都可以"拿来"。把教学内容和老师的故事结合起来，是一种教学技巧和艺术，需要我们用"心"去感受，存"心"去运用。

无意间的伤害

为执教"乘法估算"一课，我检索资料。看到一份"生活中的估算"教案，作者设计了这样一个环节：

出示几个例子，让学生思考判断一下结果是否正确，并说说为什么。

例1：三年级学生小梅每天从家走到学校，一般情况下，用10分钟左右时间可走到学校。一天，数学老师问她从家到学校大约有多远，她思索了一会儿说："也就2000多米吧。"

例2：妈妈在农贸市场买了每千克8元8角的芒果4千克，摊主向她要37元2角钱。

……

我眼前一亮："这确是生活中的，是培养学生的估算意识和估算能力的好素材！"我如获至宝，很是佩服作者的眼力。特别是例2，是乘法中的估算，这正是我要搜寻的。

在书写自己的教案时，我想象课上学生会怎么回答——"摊主多要了钱！每千克芒果8元8角，不足9元钱，买4千克总共应不到36元钱。"

"什么？摊主多要了钱？"我的心不由得一惊：这不是在贬损摊主吗？人，应该相互尊重的！摊主大多是外地来京打工的，咱们都市人不仅要尊重，还得深深地感谢他们。去年春节前后，不是有多家媒体报道打工仔回家过年后都市人的生活遇上了诸多麻烦吗？并且，如果我班上某某学生的家长正是个什么摊主，那学生看到这一题心里会是什么滋味？如果改成"摊主少要了钱"，那么妈妈会怎么做呢？这不是又可折射出妈妈心地的善良、品德的诚实？因此，我设计成出示以下一段文字，让学生看过后加以评论。

　　　妈妈在农贸市场买了每千克 8 元 3 角的芒果 4 千克，摊主向她要了
　　31 元 2 角钱。

　　在实际教学时，大多数学生都能很快看出"摊主少要了钱"，有条理地说出自己的理由，并对"摊主少要了钱"作出分析。

　　由"多要了钱"改为"少要了钱"，避免了一次无意间的人格伤害，但一样可以培育学生估算的意识。"多要了钱"，只会有一种解释；"少要了钱"，却存在着多种可能。学生在开放的思维空间里对话互动，唤醒了生活的积淀，体味到了人性的美好。

"从来如此，便对么?"

"圆的认识"是做课老师愿意选择的一课，也是我们常常观摩到的优秀课之一。以下的镜头，大家肯定熟悉。

（在学生画出、测量并汇报圆的若干条半径的长度以后，老师提请学生思考。）

师：从刚才的测量中，你发现了什么?

生1：圆的半径一样长。

（老师流露出欣赏的目光，期待着有学生说得更好。）

生2：圆的半径都相等。

（老师继续期待着——）

生3：圆的半径的长度都相等。

师：（点头并板书"半径的长度都相等"）还有其他的发现吗?

（学生木然。）

师：还有补充吗?

（没有学生应答。）

师：（指着两个大小不一的圆）能说这两个圆的半径的长度都相等吗?

生：（齐）不能。

师：那么，我们能不能说"圆的半径的长度都相等"?

生：（齐）不能。（似有所悟，但目光中仍是狐疑，不明白老师葫芦里到底卖的是什么药。）

师：那该怎么说呢？

（学生又木然了。似乎到学生愤悱的状态了，老师补充板书："在同一个圆里。"学生恍然大悟，"喔——"。）

师：这个前提条件重要不重要？

生：（齐）重要！

请大家反思这个片段：老师的步步紧逼有必要吗？有价值吗？

有人要说了：当然有价值了，不说"在同一个圆里"怎么行呢？就不对了。最起码是不严密。

有老师可能要说了，那请你判断"圆的半径都相等"这一命题，是对还是错。我觉得这样的判断题本来就没有价值。为什么要出这样的判断题？就是为了强调"在同一个圆里"的重要。这是先有鸡还是先有蛋的问题了。

还有人要引经据典，翻开教材云云。

是的，我翻开手头所有的各种版本的小学数学教材，在"圆的认识"这部分里确实都有这样的三段文字：

想一想：在同一个圆里，有多少条半径？所有半径的长度都相等吗？

想一想：在同一个圆里，有多少条直径？所有直径的长度都相等吗？

在同一个圆里，直径的长度与半径有什么关系？

但——

"从来如此，便对么？"

这是鲁迅笔下狂人对旧世界发出振聋发聩的呐喊。

平等对话是我们共同的追求，我们应该有狂人冲破"惯性"，向"从来如此"挑战的勇气，走进数学教学的新境界。

数学要讲究严密，但需要如此的严密吗？

请问"正常人的两条腿是一样长的"这句话对吗？不对，应该说"在同一个人身上，正常人的两条腿是一样长的"。有这样说的吗？

在日常生活中是这样，就是在学科数学里也是如此。"正方形的四条边都相等"，对吗？大概没有人认为一定要说"在同一个正方形里"如何如何的。

"人"，是由一个个具体的人构成的；"圆"，也同样如此。归纳概括的终极目的是为了更好地演绎。我们在述说或应用某一物或某一图的特征时，一定是针对某一物或某一图来说的。试想：学生在述说或应用圆的特征——圆的半径的长度都相等时，是否是就着一个圆说的？他需要在什么时候离开一个具体的圆来谈圆的特征吗？看来还是我们的文化惯习使然：过分地强调共性而忽视了个性。至于如果有学生说出"圆的半径的长度都是 3 厘米"这样的"这一个"圆的特征，那么我们要指出的是：此乃非本质特征。图形的本质特征是图形变换而特征恒在的特征。

既然如此，那为何要对"圆"这么苛求呢？因为"圆"太美了？！

西方数学哲学中有"圆是最美的图形"一说，我国历史上第一个从理性高度对待数学问题的科学家墨子说："圆，一中同长也。"或许正是墨老先生的这句话，被有的人认为墨老先生是说"在同一个圆中，半径同长"。

其实，这里的"中"指物体的对称中心。墨子的这句话是说，圆有唯一的中心（圆心），而这一中心到圆上任何点的距离都一样长。这是对圆的定义。

当然，我们不必追究"在同一个圆里"一说，起自何年哪月，始作俑者是谁，我们要追问的是我们"自己独立思考的能力有多高"。

虽然，理论工作者早就论证了"教师是教材的建设者"，但由于我们没有独立思考，缺乏对教材的探究和置疑，所以才对这样的问题习焉不察，习以为常，习非成是。

那么，这样人为规定约定俗成的貌似永远正确严密理性，实质毫无意义费时无效的教学内容上的形式主义问题在我们的教学中还有吗？

究竟怎么读分数

2004年11月13日上午，安徽蒙城实验小学，我借班讲授"初步认识分数"。在讲完3/4表示过程的相同处、分数各部分名称、分数的历史和分数的写法以后，我组织学生再写一个分数，并说一说这个分数的意义。

一个看上去很胆小的男孩用一张长方形的纸片表示出3/5的意义，我问："3/5表示什么意思？"他说："表示5份中的3份。"我夸他后，说："这5份是怎么分的？"他说："平均分。""对了！"

在交流阶段，我有意让他锻炼一下，请他来说说。他声音有些颤："3/5表示5份中的3份，平均分。""他说得对吗？"同学们齐答："对！""是，他说得对，并且说得非常特别，特别强调了'平均分'！（我用很是欣赏的目光看着他，他的神态没有了胆怯，生出几分自豪。我很满足，进而用期待的目光看着他。）你能把两句话合成一句吗？"那个男孩有些激动，声音明显地高了许多："把5平均分成3份。"同学们笑了，我也惊讶地张开了嘴。快嘴的同学在底下修正道："把一张纸平均分成5份，3份就是这张纸的3/5。"我佯作嗔怪，其实心里挺感激那不知名的快嘴的孩子的。要知道已经快下课了，那个男孩的发言是很打击课的效果的。"快嘴！应该让人家自己改过来。"我示意那个男孩重说。男孩说对了，我和同学们一起给以掌声。在随后的总结阶段我强调说："谢谢那位男同学，是他提醒了我们：3/5不是把5平均分成3份，而是把一个东西平均分成5份，取了其中的3份。"

下课后，我思考这一事件。

有道是：人在紧急或特别兴奋的情况下，往往会暴露出最真实的思想。那个男孩说的"把5平均分成3份"，也许就是他潜意识里的分数的真正意思，而不是鹦鹉学舌的话语。

什么原因造成的呢？

我想：一是我在教分数的意义时重视了表示分数的三要素——平均分，分几份，取几份——的归纳，但忽视了单位"1"的渗透（意识里就认为"单位'1'"不是初步认识分数时要提及的，那是讲"分数意义"的核心内容），以致学生头脑中对把"什么"平均分的意识淡薄。看来在这一点上，确实是老师的认识水平制约着学生的认识水平。

二是教材中和我的板书中对分数的读法是这样写的——四分之三，这种读法一开始就容易使学生以为："3/4是把4分成3份。"

因此，我在其后的教学中，一是要重视单位"1"的渗透，在学生叙述3/4意义时，就引导其说出是把"什么"平均分的。二是改变分数的读法，板书成"四份之三"。这是挑战权威，挑战历史。要再查一下英语中是怎样说3/4的，意思是"分"还是"份"？

至今还没有查出英文"three fourths"表示的"四分之三"还是"四份之三"。不过，这也没什么。英文也不是圣经。他们区分不开，不正显示出我们中文的魅力吗？像我们的乘法口诀，就绝对是祖上留给我们的得天独厚的宝贝。

2005年1月8日，中国人民大学附属小学，我再次讲"初步认识分数"。新课伊始，我就把3/4的读法板书成"四份之三"。一写完就有学生在下面说了："噢，是四份中的三份！"

实践是检验真理的唯一标准。看来这样改变是有效的。

那这一改，分数读法的音调变了，会不会给学生后来的学习带来不好的影响呢？诚然，教师是新课程的建设者，但在没有经过充分论证的情况下，我们能够就在课堂上做出这样的改变尝试吗？我说不清楚。

自知学识浅陋，于是把关于分数读法的思索和实践写了出来，以求教于大方之家。

阅读：一种积极的偷懒

　　教师是一个幸福的职业，不过，做教师确确实实是累并幸福着。这，我在《脑袋磕破后的笑声》一文中已经表达过，但有一点没有表明：我喜欢忙中偷懒。忙过了一阵子，抑或忙得没有头绪，抑或心情不好时，我会随手翻开《中国教育报》《光明日报》《人民教育》《读者》等报刊。我觉得阅读是一种享受，享受片刻的悠闲、优游和陶然的幸福。并且，这样也算是读书了，不会有"一日不读书便觉面目可憎"的感觉。如此"偷懒"，或许还能"偷巧"，获得某种启发和指引，有助于手头工作的完成。

　　在我的意识里，阅读是一种偷懒，一种积极的偷懒。这种偷懒不是敷衍工作，而是为了更高效地工作，是对工作的一种近乎虔诚的热衷，也是我的一种生存方式。

　　刚参加工作的头几年，我偷懒读了上海教育出版社的《小学数学教学指导书》，它让我熟悉和明白了小学数学知识的来龙去脉和基本的教法；偷懒读了福建教育出版社的《优质课的设计与施教》，它教会我这个讲课不会说话的人（读师范上实习课时需要女同学一句一句教的人）说话，还让我学会了选择；我偷懒读了湖南教育出版社的《小学数学教学失误分析100例》，它让我感受到——小数学大文章，大意不得；还偷懒读了邵瑞珍先生的《教育心理学——学与教的原理》，它让我明白了——要教好小学数学，光有直觉，仅有经验是不够的，只有彻底的理性才能赋予一种大气；还偷懒读了《全国特级教师经验谈》《人民教育》《小学数学教师》《江苏教育》《小学青年教师》《读者》等等，它们给了我敏感的心、哲思的情。

这样的偷懒，偷来了技巧，偷来了观点，偷来了方法，偷来了思想，偷来了习惯，也偷来了自己的进步。

今天，我又偷懒读到了《人民教育》编辑部组织编写的《"新课程小学数学思想方法解读与备课"专辑》。啊，它可以让我们更好地偷懒，因为它——

不是教辅手册，但有精当的教学辅导。例如黄爱华、罗忧红老师撰写的《理解意义，培养数感——"数的认识"备课解读与难点透视》。

不是教学理论的阐述，但有教学理论的支撑。例如张齐华老师的《认识图形世界，发展空间观念，提升数学思考——"图形的认识、测量"备课解读与难点透视》。

更有我非常敬重的曹培英先生的《"图形与变换"教学漫谈》。

曾几何时，我和王春伟老师一起研究过"平移与旋转"一课，当时苦于不能把握"平移"与"旋转"的本质。今天读到曹先生的力作，我茅塞顿开。"也就是说，平移的基本特征是，图形移动前后'每一点与它对应点之间的连线互相平行（或者重合），并且相等。'显然，确定平移变换需要两个要素：一是方向，二是距离。……也就是说，旋转的基本特征是，图形旋转前后'对应点到旋转中心的距离相等，并且各组对应点与旋转中心连线的夹角都等于旋转的角度。'显然，确定旋转变换需要三个要素：旋转中心、旋转方向与旋转角度。"高观点、大背景下的"教学漫谈"，解渴啊！

还有大量的经典课例，让我回味再三，获益良多。

这样鱼和熊掌可以兼得的懒不偷，岂不犯傻？

著名教育家夸美纽斯在《大教学论》中写下了他的理想："找出一种教育方法，使教师因此可以少教，但是学生可以多学；使学校因此可以少些喧嚣、厌恶和无益的劳苦，独具闲暇、快乐及坚实的脚步。"我以为，《"新课程小学数学思想方法解读与备课"专辑》，会有助于我们找出这样的教育方法。

偷懒是人的天性，也是人类社会得以前进的动力。身为 IBM、惠普、贝尔实验室等知名机构咨询顾问的迪马可，正决定为懒惰寻找一些正当理由。他刚出版了一本新书名叫"偷懒：克服过劳、忙碌工作以及效率的迷思"。研究人类行为学的学者发现，最优秀的工人毫无例外全是"懒虫"。而那些看似勤快的人因为工作熟练了，就不想有所改进，他们的效率反而低些。爱偷懒的人总幻想着能够有更先进的玩意儿能减轻负担。那么，我们老师在工作之余或工作之中，不妨也试着"偷懒"一下，说不定正是你的"偷懒"给学生带来了莫大的收益！

第二辑

课中求索

哎呀，多好的资源被我浪费了！

那位男生表演的魔术没有学科味吗？我汗颜不已。这节课，我正是想通过和同学们一起动手做莫比乌斯圈，让学生领略数学的奇异美，涉足拓扑几何，拓宽数学视野。如果当时的我能看破那魔术背后的数学原理，然后在课的总结阶段点明，那么我们可以畅想：那怦然心动、悠然心会的局面会是多么的生动和诱人！

遭遇"节外生枝"

教了 20 多年的书，还没有碰到过，学生在课堂上忘我投入，径直起立，大声说："华老师，我会做一个魔术！"

事件是这样的——

节外生枝

一般地，一张长方形纸条很容易做成一个纸圈，这个纸圈会有上下两条边和正反两个面。

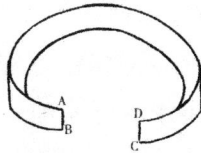

可是，当我们把纸条拧转 180 度，A 点和 C 点、B 点和 D 点分别重合时，做成的纸圈却只有一条边、一个面。您相信吗？这就是莫比乌斯圈。

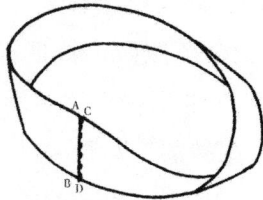

莫比乌斯圈是德国数学家莫比乌斯在1858年研究"四色定理"时偶然发现的一个副产品。它已被作为"了解并欣赏的有趣的图形"之一写进了新数学课程标准，编进了人教版和北师大版义务教育课程标准实验教科书。

前不久的一天上午，张家界市崇实实验小学礼堂里，我和同学们一起感受莫比乌斯圈的神奇。我希望在这节课上让学生自己动手，学会自己将长方形纸条制成一个莫比乌斯圈，并在莫比乌斯圈"魔术般的变化"中感受到数学的无穷魅力，从而拓宽数学视野，激发学习数学的兴趣。

我和同学们一起动手做。先做成了莫比乌斯圈，然后沿着莫比乌斯圈的中线把莫比乌斯圈剪开。

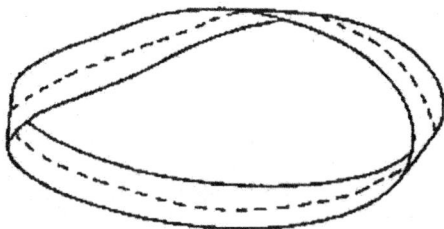

绝大多数学生都剪出了一个2倍长、1/2宽的双侧曲面。但我发现有一名男生由于是没有直接从中间剪，而是从边上剪进去的，所以他剪出了一根长长的纸条。

这正是我期望的，也是我苦心经营的。起先的设计就是担心学生出差错，不能剪出一个2倍长、1/2宽的双侧曲面，而如这个男生一样剪出一根长长的纸条。所以我在提出问题后、做示范前，特别提醒学生："请看好我是怎么剪的。"后来，想到那个传说的医学教授带研究生的经典故事。（教授第一次讲课，带来一只盛着液体的烧杯，手指蘸进烧杯，再一尝，"甜的！哪位同学愿意来试试？"上来了两位勇士，用手指一蘸，一尝，紧皱眉，直摇头。"尿。"原来教授给他们上的第一课，就是体验"观察"的价值。教授蘸进去的是中指，尝的却是食指。）我示范照做，就是不特意提醒，而给粗枝大叶的孩子们留下犯错的空间，让其也体验一下"观察"的重要。因此，我想好好抓住这个错例，提醒学生"大胆猜测"后要"小心求证"。

"这位男同学，请你说说是怎么创造出这样一根纸条的。"同学们笑了。

那位男生痴迷地抬起头，起立，拎起他那根长长的纸条，停顿，眼睛里盛满了自豪，大声地说："华老师，我会做一个魔术！"

对他的答非所问，我苦笑、好奇。看着他那等着我允许他表演魔术的急切的眼神，我说："行啊，请你给大家表演一个。"我把他让到讲台前面，并带头鼓起掌来。

他煞有介事地用一支铅笔和一支圆珠笔玩起了纸带套笔的魔术。

"请看好，套住的是铅笔，是吧？"

全班同学屏息静气，看着他在玩魔术："是，套住的是铅笔。"

他将纸带一圈一圈地拧紧后，说："请看——"

纸带一圈一圈地松开了，最后套住的竟然是圆珠笔。

"咦——"同学们和三百多听课的老师一齐鼓起掌来。

"真不简单！佩服佩服！"我由衷地夸奖道，"请问这个魔术是在哪儿学的？"

"电视上。"

"我可不是在这高雅的地方看到的。我是在长途汽车上看到的，几个不三不四的人用这样的把戏来骗人的钱。"

礼堂里的人都善意地笑了。

"谢谢这位同学的精彩表演！我们继续看剪出的纸圈……"同学们又兴趣盎然地投入到研究之中。

节外生"思"

课后，我回味那位男生表演的魔术，反思我对这一"节外生枝"的教学的处理。

他表演的魔术与我这节课的教学内容是风马牛不相及的，我该不该让他展示呢？

学生是活生生的有思想的人，他们有着各自的生活经验和思维方式，因此，他们的思维方向和思维结果不一定会顺应教师的教学预设。

　　我们的教学是执行预设的教案还是抓住课堂生成的资源以促进学生的发展？多年来，我们已经习惯了根据自己设计的思路进行教学，在课堂上一旦遭遇"节外生枝"，便千方百计地把学生拉回到既定的教学思路上来。现在，我们知道不能这样做，我们知道应把关注的焦点放在学生身上。可是，这样没有学科味的插曲，也该任其滋生、发展？

　　如果我说："表演一个魔术？课下再交流吧！"那位男生会怎么想？其他同学会怎么看？他和他们的心思、注意力还会集中到学习内容上来吗？很有可能，一个是不满，其余的是惦记。可能还是表演完了，笑过之后，其后的学习更有味道。

　　接下来，是不是要让学生思考：这样的插曲该不该在课上展现？

　　如此看来，我的处理简单了些。那位男生可不是只表演给我老师一人看的。如果在那位男同学表演完之后，我不是说"谢谢这位同学的精彩表演！我们继续看剪出的纸圈"，而是让同学们来评价，我想有学生可能会指出：这样的表演演得不是时候。如果没有学生指出，老师可以再作为平等的一员，婉转地提示出来。这样的话，我们的教学就是真正的教育，并且是难忘的教育，而不只是教学展示。

　　恩格斯曾说过：最好的学习是从错误中学习。课堂上的差错是一种难得的教育资源，不管对于学生还是老师，都是如此。

"枝"外生枝

　　该"节外生枝"事件过去快一个月了，一天晚上，我翻看《创造发明1000例（数学卷）》，发现那位男生表演的魔术正是书中提到的拓扑游戏的翻版。

　　这本书第 169 页说："我国民间流传着数以百计的神奇莫测的拓扑游戏。"用一根绳子，将它盘成下图的样子：

　　（1）把绳子的两个头照图中箭头所示的"1"的方向连在一起时，就能使 A 处的手指套入其中。

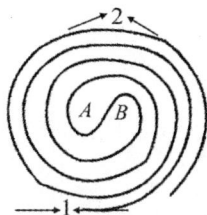

（2）把绳子的两个头照图中箭头所示的"2"的方向连在一起时，就能使B处的手指套入其中。

我思我在

哎呀，多好的资源被我浪费了！

那位男生表演的魔术没有学科味吗？我汗颜不已。这节课，我正是想通过和同学们一起动手做莫比乌斯圈，让学生领略数学的奇异美，涉足拓扑几何，拓宽数学视野。如果当时的我能看破那魔术背后的数学原理，然后在课的总结阶段点明，那么我们可以畅想：那怦然心动、悠然心会的局面会是多么的生动和诱人！

学生是纯真的，我是无知的。

如此美妙的"节外生枝"可遇不可求！"花开堪折直须折，莫待无花空折枝。"不学不知耻。虽然为了上这节课，我已翻阅了不下20本有关专业书籍，但真正是学无止境啊。古人追求"读万卷书，行万里路"，吾辈亦当如是。

新课程，新理念，新课堂。生成的课堂，一定会让我们遭遇"节外生枝"，它呼唤我们更新理念，挑战我们的教育机智，考量我们的教育底蕴。

教，然后知困，怎么办？捧起书来吧。子曰："学而不思则罔，思而不学则殆。"（《论语·为政》）"吾尝终日不食，终夜不寝，以思，无益，不如学也。"（《论语·卫灵公》）一个教师不读自己专业以外的书，是不会把这个学科教得很好的；但是，如果他不经常阅读自己专业的书，那么也是教不好这个学科的。

教学：从擦黑板开始

都是擦黑板惹的祸

2006 年 8 月 7 日，我在内蒙古赤峰市讲课。

在做好一系列课前准备后，我像往常一样擦起黑板来。不过，这次擦得比较卖力，使出了我三十多年练就的擦黑板功夫，因为这块玻璃钢黑板好像好长时间没有擦干净过了。"咣当"一声，黑板仰面倒地，摔得粉碎。台上有学生吓得惊叫起来，台下的八百多听课老师莫名其妙地抬起了头。我左手抓住已经空空如也的黑板架，右手停在半空，黑板擦已扔在地上。

主持会议的教研员老师赶紧走了过来："哎呀，华老师！您的手流血了。"原来，在黑板倾覆的瞬间，我伸出的右手没能够抓住黑板，手腕却被三角铁做的黑板架"抓"了一下。

台上忙成了一团，有收拾碎黑板的，有准备新黑板的，有帮我找创可贴的。

我好尴尬啊，都是擦黑板惹的祸。

擦黑板是我的习惯

黑格尔说"人死于习惯"，而擦黑板是我的习惯。

从上小学一年级开始，由于我个子比较高，也由于总是受到老师表扬

（"今天的黑板谁擦的？华应龙？不错，不错！"），我总是会把黑板的边边角角都擦得干干净净。

当老师后，擦黑板的习惯得以继续保持，这源于读师范时我的语文教材教法老师姚烺强先生。他每次上课前，必定儒雅地、认真地把黑板从上擦到下，从左擦到右，即使有时我已经把黑板擦得干干净净了。耳濡目染，做了老师的我，上课前也喜欢擦黑板。

工作 4 年后，我第一次做数学公开课，评课时就有老师夸我"课前擦黑板所流露出来的大气"。后来经常做观摩课，也经常有听课老师夸我课前擦黑板的行为，有的说"认真"，有的说"严谨"，有的说"镇定自若"，有的说"没有架子"……

教学：从擦黑板开始

是的，从课前擦黑板中，我获益良多。

首先，擦黑板的时间其实是我快速"温课"的时间。板书是微型教案，我会一边擦黑板一边想"这里应该板书什么"，越是心里不踏实，我就擦得越细致。

其次，擦黑板是对学生的尊重。擦黑板是一种认真恭敬的态度，孔子说"修己以敬"，黑板上的字是给学生看，把黑板擦干净再板书是对学生的尊重。

再次，擦黑板是一种精神。从上擦到下、从左擦到右，折射出的是踏踏实实地做好每一件事的精神。

另外，擦黑板还是一种气势。平和、从容、笃定的气势，"运筹帷幄之中，决胜千里之外"的气定神闲的气势。子曰："君子泰而不骄，小人骄而不泰。"当然这种安详舒泰的心态不是故作姿态，骄矜傲人，而是由内而外的自然流露，需要慢慢修炼。

老师讲课前先把黑板擦干净，对学生何尝不是一种教育呢？

现在我已经形成一种习惯，上课前先把黑板擦干净，就像吃饭前先洗碗一样。碗没有洗干净，我是不会吃饭的。

擦黑板惹的不是祸

现在，擦黑板惹出了祸，怎么办？

始料未及。坦然面对。

在等待创可贴的时候，我左手握着右腕，看看空空的黑板架，看看手腕上的伤口，心里有些烦："怎么会是这样?"看着看着，我在心里笑了："哈哈，如果拉得再长些，割破了动脉……"顷刻间，我的心头"雨过天晴"。

一块新黑板已经安置停当，我伸出贴了创可贴的右手轻轻地按着黑板，试了试，试了又试，学生们轻轻地笑了。我脸上荡漾着笑意，开始讲课。

"实在对不起，刚才我把大家吓了一跳，是吧?"说完这句话，我弯腰表示歉意。

同学们轻轻地说："是的。"

"对不起，我不是有意的。那是什么原因呢？刚才我注意看了，是支撑黑板架的课桌比较矮，而我擦黑板时在最上面用的劲儿大了。"我伸手指了指黑板背后的课桌，把手按在了黑板的上方。同学们微笑着缩起了脖子，眼神告诉我："快别试了!"

"哈哈，不会的，不会的。都是我观察不细惹的祸。"我笑着说。

同学们大声地笑了起来。

"如果我动手擦黑板之前，先仔细观察，就不会出这样的事了。下面看同学们观察得细不细……"孩子们饶有兴致地开始了学习。

那节课的教学内容是"神奇的莫比乌斯带"，就是要学生在动手做出莫比乌斯带，领略它出乎意料的魔术般的变化后，通过自己的观察、想象解答自己的"为什么"。

一节课下来，教学效果特好。

我好开心啊，其实不是擦黑板惹的祸。

下次讲课前，我还会擦黑板。

千金难买回头看

"千金难买回头看"是一句俗语，意思是说，在路上行走时时常回头看看，这是个很好的习惯。在工作和事业的历程中又何尝不是如此呢？"吾日三省吾身。"一日，一月，一年过去了，回首看看走过的路，及时调整前进的方向和步伐，彰显了人之理性、丰富和高贵。

新课程如此，新课程下的数学课堂也是如此！

学生抄完数据和运算符号，提醒他们"千金难买回头看"——"核对一下抄写是否正确"，学生的计算正确率定会大大提高，同时，还可以积淀下严谨、负责的品质。

学生解完一道题，提醒他们"千金难买回头看"——"一定这样吗？""这其中有没有什么规律？"学生的观察能力、概括能力以及发现问题的创新能力就能潜滋暗长。这也就是波利亚"怎样解题"的最后一步"回顾"。做完这一步才算真正解完了一道题。

一节课行将结束，提醒学生"千金难买回头看"——"回顾这节课的学习过程，想一想我们是怎样解决问题的？"过程和方法维度的目标往往就在其中达成和提升。

"千金难买回头看"，有助于用足一道题，圆满一节课；"千金难买回头看"，不仅仅是回顾，更重要的是指向未来，它有助于学生学会学习，促使学生习惯和智慧的养成。

"再回首……曾经在幽幽暗暗反反复复中追问，才知道平平淡淡从从容容才是真。"我们往往只顾埋头匆匆赶路,没有抬头望望,回首看看。当我们慢慢地走,常常回回首时,路边的风景总是美不胜收。

"回眸一笑百媚生。"在数学课堂上,应当回首流连,追求"回头率"。积极地追求,是一种教育自觉;艺术地追求,考量的是教育底蕴。

善待差错

空难事故发生以后，多少家庭支离破碎，多少人撕心裂肺……有关部门痛定思痛，千方百计地搜寻"黑匣子"，要给事故一个"说法"。这既是为告慰在天的亡灵，也是为警醒在地的世人，以便防微杜渐，严防同类事故再次发生。

空难事故，是人们不愿看到的，发生概率是极小的。学生在学习过程中，出现差错，也是我们教师不愿看到的，但发生概率却是极大的。

在课堂上，学生回答提问、解答习题、解决问题前，我们可以看到古人描写的场面："慈母手中线，游子身上衣，临行密密缝，意恐迟迟归。"那"慈母"是我们的老师，那"手中线"是看不见的但感觉得到的、老师用苦心经营的导学防错路径。

我们老师往往容不得学生犯一丁点儿错误。过分的照顾帮助、太多的"言传身教"、一味地指责惩罚，钳制了学生的大脑、双手和嘴巴，牵制了学生的独立思考，束缚了学生的想象，剥夺了学生主动探究的乐趣，封杀了学生自我锻炼、自我完善、自我发展的机会，无利于学生的求知和发展，最终将有碍于学生日后适应社会。

我们教师对待学生的差错，不能轻率否定，也不能置之不理，而应予以宽容。德国哲学家黑格尔指出，错误本身乃是"达到真理的一个必然的环节"。教师需要做的是如何将学生差错中的不利及消极因素转化为有利的、积极的、合理的因素，多给学生"尝试——差错——完善"的机会。

当然，这绝不是说不要努力去防止和减少差错，或者说可以对差错抱着满不在乎的态度，而是说不要因为惧怕差错而畏首畏尾，缩手缩脚。"畏惧错误就是毁灭进步。"（怀特黑德语）我们教师应在关注学生的动机、尊重其认识、保护其积极性的前提下，给以恰当的处理。

1. 冷静地分析。最近空难事故发生后，几乎所有航空业内人士都提到一个关于飞行安全的"海恩法则"。这个法则简单地说就是：一起重大的飞行安全事故背后有 29 起事故征兆，每个征兆背后还会有 300 起事故苗头。这给我们很多的启示。我们真得好好分析学生为什么会出现这样的错误，要多问学生"你是怎样想的"，然后把握其错误的性质和原因，对症下药。

2. 恰当地评价。完全的错误是不存在的，只是"三七开""七三开"还是"对半开"的问题。重点应放在分析差错中的正确方面和出现错误的原因上，先说明哪些地方是对的，哪儿还差"一点点"。

3. 灵活地纠正。一要相信学生有能力纠正自己的"偏差"；二要提高学生克服困难的信心；三要舍得花时间给学生思考的余地，多给学生一些自由呼吸的空间；四要期待着学生自己走向成功，以理解的心去接近他们，以背后的手去帮助他们，以期待的目光去鼓励他们。

恩格斯说："要明确地懂得理论，最好的道理就是从本身的错误当中，从亲身经历的痛苦经验中去学习。"学生是成长中的尚不成熟的个体，我们教师要从正面看待学生的学习差错，要从科学的角度理解学生的各种差错，要用发展的眼光理解这些差错的价值，要允许、认同、接纳和改造学习差错！

感谢差错

以下是小学四年级数学"角的度量"的一段课堂实录：

师：怎么量角的大小呢？

生：（齐）用量角器。

师：都知道呀！那会量吗？

生：会。

师：先来试试看好不好？

生：好。

师：我们先用量角器试着量一量∠1。

（学生尝试用量角器量∠1。）

师：（巡视中）呦！真会动脑子，虽然没学过，有的人还真量对了。有人虽然不会量但在动脑子，我觉得也挺好的。小伙子，带着你的量角器，到前面来，把你的方法展示一下。

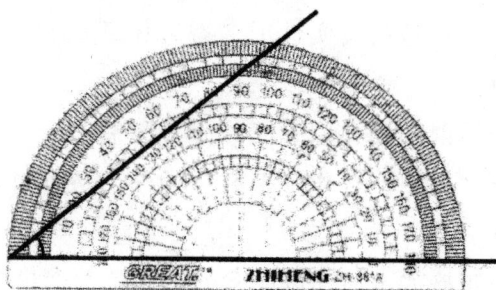

（学生投影自己的量法后，有同学小声嘲笑，老师摇头制止，示意学生解说。）

生：我先用这个尖放到这个角上，然后看这条边。

师：那这个角多大呢？

生：不知道。

师：（摸着学生的头，微笑着说）还没学，不会很正常，但敢于尝试值得表扬。我提议大家为这样敢于尝试的精神鼓掌！（鼓掌）以前我们量长度的时候，就是这样从 0 开始的。这一点你做得非常棒！（热烈的掌声）要量角的大小，他已经想到了用角来比着，真不简单，这个思路非常正确！我提议大家再次鼓掌。（演示的学生在同学们起劲的鼓掌中坦然回到自己的座位上）现在的问题是我们从量角器上能找到角吗？

这个教学片段，让我感到课堂因差错而精彩，我要感谢差错。

感谢差错彰显了教学的价值。有一次，我去外地参加教研活动，观摩一位老师教学四年级的"设计租车方案"。那节课设计得十分精巧，视角非常独特，给我很多启发。课进展得"非常"顺畅，整节课，老师没出一个错，学生也一个错没有。下课后，我个别地问一名男孩："这节课，你们学过了吗？"那个男孩仰头看着我，有些不解地告诉我："这是第三遍！"那神情似乎在说"这您还不知道吗"！一堂课没有差错，我们首先要怀疑这节课的真实性。如果一节课确实是第一遍讲，但就是没有一个错，那么我们是否该问——这样的课还有上的必要吗？是不是教学内容已经就在学生"已有发展区"内？是不是面向了全体学生？如果学生出教室时和进教室时是一样的，我们应该质疑这节课的有效性。不管是从真实性上考查，还是从有效性上审视，我们要说："课堂无错要不得！"

当我们把所有的错误都关在门外时，真理也就被关在门外了。教是因为需要教。新课程倡导"自主、合作、探究"的学习方式呼唤教师和学生都要欣赏和接纳差错。

感谢差错提示了正确的本质。以前我们教"角的度量"时，一节课下来，教师教得累，学生学得苦，不少学生还是不会量角，量角器都不知道怎么摆放。而今天，学生都会量角了，并且理解了量角的本质。也正因为学生理解了量角的本质，所以变得"自能""自得"了。为什么以前我们那么费力地教，总结概括出"二合一看"等要诀，学生学的效果反而不好呢？上完这节课，我明白了，因为以前的我们"只见树木不见森林"，我们讲了"角的顶点和量角器的中心重合，一条边和 0 度刻度线重合，看另一条边所对应的刻度"，但没有讲量角的实质是什么，缺乏整体把握。"二合一看"等要诀，看似简洁，颇得要领，其实这是我们成人的偏好，对孩子来说却是不得要领的，要孩子们想象出这四个字背后的内涵是挺难的。因为孩子们是以形象思维为主，老师抽象概括出的要诀反而增加了学习的难度，老师附加的认知负荷挤占和压缩了学生生成的认知负荷。所以说我们原来的教法阻碍了学生自由的"呼吸"。而今天，在学生已进入"洞口"，感觉"仿佛若有光"的时候，"量角其实就是把量角器上的角重叠在要量的角上"一语点破，是可以为学生的量角操作提供表象支持，促进学生更顺畅地"呼吸"的。

当我创新性地成功完成"角的度量"的教学后，不少朋友激动地问我怎么想到在量角器上找角的？说老实话，是学生错误的量法提醒了我。回忆起学生拿着量角器手足无措的样子，我明白了，原来学生找不到量角器上的角！因此，我让学生讨论：量角器的直边和圆弧夹的角是不是我们所学的角，能在量角器上找到角吗？我大胆地想：能让学生先在量角器上画角然后再量角吗？进而，我再追问："量角的本质是什么？"——重合。如果学生在量角器上清晰地找到角了，量角的问题就能迎刃而解。因此，我决定让学生在量角器上画角，再交流有没有不同的角。量角的正确方法已是水到渠成。抓住了教学的重点，教学的难点就不攻自破，而这重点就是从学生的差错中感悟出来的。

差错可能成为正确的先导。差错往往隐藏着正确的结论，或者成为引发正确结论的"基石"。学生的差错大多是"差那么一点""拐个弯就对了"，就看我们教师是否愿意去开启。

感谢差错成就了教育智慧。以前，我们为什么惧怕、回避甚至埋怨差错？

那是因为我们的心头缺少"阳光"。我想起了泰戈尔《萤火集》和《飞鸟集》中的两首诗——

> 我的云在黑暗中忧伤，
> 忘记了那是因为它们自己
> 遮蔽了太阳。

> 当乌云被阳光亲吻时，
> 它们就变成了天空的花朵。

对待学生的思维成果，不应着眼在对还是不对，而应着眼于有价值还是没有价值，价值是大还是小，是现时价值还是长远价值！差错除了具有启发功能外，还具有刺激、教育、醒悟、陪衬、免疫等功能。这就需要教师练就一双"慧眼"，敏于捕捉，善于发现差错背后隐含的教育价值，引领学生从错误中求知，在错误中探究。正确的，可能只是模仿；错误的，却可能是创新。因此，可怕的不是学生犯错误，而是教师错误地对待学生的错误。我们教师要用"阳光心态"来观照学生的差错，用放大镜来寻找学生思维的闪光点。

差错的价值有时并不在于差错本身，而在于师生从中获得新的启迪。学生学习作业本上的"×"号，其实可以看作是加倍努力的"乘号"、作战沙盘上需要攻克的"城堡"、亟待开掘的资源丰富的"矿苗"、此路不通的"路标"……对教师来说，学生的"差错"是机遇，是挑战，更是教育智慧的折射。教师的智慧就是要善于从学生95%错误的解答中发现那仅有的5%的正确的东西，给予热情的肯定，并积极加以引导，让学生一步步推倒那95%的错误。

我们要感谢差错，我们的课堂因差错而精彩，我们的学生因差错的精彩而敢于尝试，勇于探索，追求真理、百折不挠的科学精神由此生成。

"老师们都没有注意到"

一次有关"平均数"的活动课上，在分析了求连续 3 个、5 个、7 个自然数的平均数的解题特点后，我出示了这样一道题："小红的爸爸因公出差，5 天没回家，回家后一次撕下这 5 天的日历，这 5 天日期数相加的和是 90。小红的爸爸回家这天是几号？"

不少学生都列出了这样的算式：90÷5＝18，推断出撕下的 5 天日期分别是 16、17、18、19、20，进而认为小红的爸爸回家这天是 21 号。

在评价总结时，一向爱动脑筋的刘亮同学提出了一个问题："这五天会不会是月底和月初的 5 天呢？"

我心里不禁一怔：对呀！会不会是上个月底到下个月初的 5 天呢？这 5 天是连续的 5 天，但日期数不是连续的自然数，平常我们老师出这类题都是基于连续自然数来考虑的。怎么办呢？

我皱着眉头，表现出一副百思不得其解的模样："刘亮小朋友真能动脑筋，发现了一个老师们都没有注意到的新问题。怎样求出新答案呢？请大家一起讨论讨论。"

"如果是上一个月底到下一个月初的 5 天，日期数就不是连续的自然数了。我们可以想个什么办法，使它变成连续的自然数呢？例如……"我随手板书：28、29、30、1、2。一个学生举手了："把月初的日期数加上 30 就行了。""真聪明！"我随即在 1 号、2 号的上方用黄色粉笔板书 31、32，并继续发问："这样一来 5 个数的和也就增加了……""现在 5 个连续的自然数的和是 90 + 60 = 150，中间的一个数怎么求？" "150 ÷ 5 = 30，中间的一个数是 30。"反应快的学生兴奋起来。没等老师指名，一个学生脱口而出："小红爸爸回家这天是 3 号。"学生自己找到了答案，高兴地鼓起掌来。

看看表，活动课快结束了，我抛出了一连串的问题：5 天中一定是上月底 3 天，下月初 2 天吗？如果上个月是 31 天，又怎样使它变成 5 个连续的自然数呢？和又增加了多少呢？中间的一天又怎样求呢？……请有兴趣的同学课后去讨论、研究。

这节活动课，使我产生了一些新的认识：

1. 学生是聪明的。爱因斯坦说过，发现问题比解决问题更重要。学生的思维不像成人那样囿于成式，在活动过程中，师生应民主合作，平等讨论问题，学生可以对老师的意见提出质疑。

2. 教师对自己的失误要及时采取补救措施。"天下只有哑巴没有说过错话；天下只有白痴没想错过问题；天下没有数学家没算错过题的。"（华罗庚语）差错人皆有之，当自身出现失误时，教师要冷静，及时做出分析、判断，调整活动方案，采取补救措施，以便让失误成为发展学生思维不可多得的契机，让教师处理事物的言行成为学生对待差错的榜样。如果以"我是考你们的"或"别钻牛角尖"来搪塞，来推诿，不敢肯定学生，不能正视差错，自然会受到学生的贬弃。如果我们懂得了"弟子不必不如师，师不必贤于弟子"和"教学相长"的道理，教师就应该有勇气承认自己的差错与不足。当然，不能因为有个"弟子不必不如师，师不必贤于弟子"，就放弃教师自身的业务进修。

3. 活动课的题目设计要讲究科学性。上面提及的那道题是一道"熟题"，如果教者独立思考后，加上修饰限制语"本月的某一天小红的爸爸因公出差"就可以了。

4. 活动课要活而有度。小学数学课堂教学中一般不涉及一题多解的题目，但作为活动课，由于教者的失误导出了一题多解的问题，又创造了良好的解题氛围，我们教师就不应回避。但"活"应有度。像上面那道题，枚举起来，最多要讨论十多种情况，不仅费时多，而且学生的"小脑袋"也容纳不下，因此，教师只能以文促思，让学生头脑中留下一个解题思路，让学有余力的"小数学家"们课后再探求。教师应力求创造认真合作、互相启发、追求科学的一种学习气氛。

蹲下来和孩子对话

教学"平行四边形面积计算"一课时，有这样一道练习题："下面每组图中的两个图形的面积相等吗？为什么？"

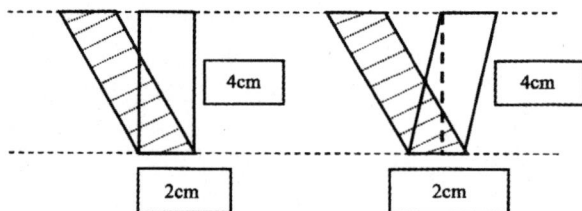

很显然，这道题的教学意图是让学生体验到同底等高的两个平行四边形面积相等。教学进程颇为顺利。有的孩子是通过计算得出结论的；有的孩子通过推理，也得到了同样的答案。大部分同学都能完满解答了。我看着通过计算得到结论的同学，问："下次再碰到这样的题，你还想算一算再回答吗？""不用了，因为同底等高的两个平行四边形面积肯定相等！"有同学回答道。

刘晨同学却有异议："我不通过计算，也能知道图中的两个图形的面积相等。因为那个图形像影子一样，所以相等。"

同学们哄堂大笑，我也情不自禁笑了起来。"平行四边形面积计算"一课，我已教过多遍，还没有听到过这样的说法。

刘晨小朋友显得局促不安。

我觉得自己笑得有些过了："老师很欣赏刘晨同学能想出这条理由！人的影子确实有和人的身高一样长的时候。"

刘晨同学脸上露出几分自豪。

我顿了顿，继续说："不过，大家想一想，人的影子是不是也有时候比人的身高长或短呢？"

孩子们都点点头。

"既然这样，那能不能根据那个图形像影子，就推断他们面积相等呢？"

刘晨同学摇摇头。

"刘晨同学能够想出一条从来没有人想到的理由，并且这一想法对了一半。我们为有这样的同学而自豪！"

自发的掌声响起来，刘晨同学体面地坐下了。

一波三折的教学片段，引起我深深地反思：教学中怎样才能做到以学生为主体？思维科学家张光鉴教授回答道："就是要跟学生相似。"以前上课，我们总是要求学生与老师"相似"。现在实施新课程，要做到以学生为主体，教师就要反过来跟学生"相似"。"只有在教师和学生的心灵之间组成一种相似的和谐的振动，才能使学生与所学的知识产生共鸣。"而要"组成一种相似的和谐的振动"，教师就要熟悉儿童，理解儿童，与儿童心心相印，息息相通。

在教学中葆有一颗童心，才能在与孩子交往的过程中找到接触点和共振点，把握住教育的契机。如果总以成人的眼光看孩子，那么孩子的很多言行都是幼稚的，那些新颖、奇特的想法和行为都可能被否定，那就会扼杀孩子的天性和创造性。前国际数学教育委员会主席古斯曼说："传统教育的诸因素，在小学的最初几年里，就抑制了儿童身上先天的创造能力，在差不多四年的、将他们的思想纳入成人轨道的努力之后，到了十岁，在许多儿童身上那种思考的自发性，那些闪光的想法以及对未知事物的兴趣，都已经消失了……这是很可悲的。"

细细咀嚼古斯曼先生的这段话，我感觉他说得对极了！以前的我，肯定在不知不觉中扮演着古斯曼先生所说的那种角色。我十分感谢刘晨同学，他那匪夷所思的想法让我警醒，并给了我思想的快乐！

每个教师都有自己的童年时代，童年的印象对于一个小学教育工作者来说，是一种十分珍贵的财富。有了它，在探索儿童心灵世界的时候，可以少走弯路，并能理解学生的纯真童心，把握他们的情感世界。我们教师要尽力使自己具备"儿童心灵"——用"儿童的大脑"去思考，用"儿童的眼光"去看待，用"儿童的情感"去体验，用"儿童的兴趣"去爱好……

只有童心能够唤醒爱心，只有爱心能够滋润童心。小学生的思维发展还处于初级阶段，带有很大具象性和片面性的成分。刘晨同学就是抓住了影子有和实物一样长的时候来思考的。我们老师的职责是什么呢？就是要把学生由"具象"引向"抽象"，由"片面"引向"全面"，而又不伤害学生的自尊心，不打击学生思维的积极性，保护孩子的天性和创造性。

童心可以开启慧眼！

"我们必须会变成小孩子，才配做小孩子的先生。"看到陶行知先生的这句话，走进新课程的我们是不是可以感受到陶行知先生那穿越世纪的深邃的目光？

"蹲下来和孩子对话。"以前的我只是会说这句话，没能真正落实这一理念。现在，我理解了！这句话中"蹲下来"的本意主要不是指"肢体的蹲下"而是"心灵的蹲下"，也就是教师要在心灵深处平视学生。

"不在其位，不谋其政。"一个人的思维取决于他所处的"位置"。因此，我们有必要真正"站"到学生那边去，"忘却"自己的教案，走进孩子的世界，认真倾听，细心体会，努力解读，积极促进，做一个称职的欣赏者、引导者和保护者。

波兰的雅努兹·高尔扎克的《向他们的高度看齐》：

> 您说，和小孩子们打交道实在累人。这您说得很对。
>
> 您补充说，因为得向他们的身高看齐，得弯下腰来，低着身子才能和他们说话。这您就错了。
>
> 您要做的，不是在身体上俯下去，相反，却是要在精神上升上去。
>
> 您需要放下许多烦恼、包袱和羁绊，小心翼翼地踮起脚尖来，才能向他们的感情高度看齐。

作为一个教师，真的很庆幸能看到这样短小而又精悍的，能激励自己迈向新的精神和感情高度的语言。摘录于此，与同好者共勉。

"下课啦!"

我讲"圆的认识",课尾,出示课件:以小明的一天为线索,呈现生活中的各种各样的有"圆"的物体的图片,让学生自由地说说"哪里有'圆'",选择感兴趣的在课下按照"是什么""为什么""怎么做""为什么这样做""一定这样吗"来展开研究。学生饶有兴致地说出:"闹钟的钟面、纽扣、圆桌面、碗口、向日葵、车轮、交通绿岛、下水井盖、粉笔头、笔帽、篮筐、鼓面、锁孔、篝火旁人圈、月亮、荷叶……"当屏幕上飘下"下课啦!"三字时,学生们不约而同地瞪大意外而好奇的眼睛看着我,我装出不以为然的样子,提醒说:"下课啦!"学生们满意地、美美地笑了……

教学"游戏公平",课尾,我说:"你回答得非常棒,游戏公平就是游戏之前双方获胜的可能性是相等的。因此,在盛大的、隆重的奥运会上,好多比赛项目都是用抛硬币的方法来做出一些决定的。"在学生们惊讶得张开嘴巴的时候,我播放课件:在《我和你》的背景音乐下,北京奥运会项目比赛前裁判员抛硬币的镜头飘进,飘出,乒乓球比赛、羽毛球比赛、足球比赛、网球比赛……"下课啦!",飘进又飘出,最后黑屏。听课老师评价道:"太艺术了""妙不可言""意犹未尽"……

如此的"下课啦!"设计,是受电影《阿甘正传》的启发。片头,一片轻柔的羽毛从遥远未知的天际随风飘来,它飘过屋顶,越过树梢,穿过街道,最终飘落在候车人阿甘的脚边。片尾,原本被阿甘夹在书中的羽毛掉落在了地上,再次被风吹起,时而随风飘荡,时而迎风搏击……那一片飘忽不定、洁白的羽毛把我"雷"到了。

我对"下课啦!"情有独钟还源于我很喜欢听罗大佑的歌曲《童年》:"池塘边的榕树上,知了在声声叫着夏天。操场边的秋千上,只有蝴蝶停在上面。黑板上老师的粉笔还在拼命叽叽喳喳写个不停,等待着下课,等待着放学,等待游戏的童年。"学生时代的我,有时就在心中说:"老师,下课啦!"

当我做了老师后,常常为讲完一道题而拖课。回想自己的课堂和同行们的课堂,如果下课铃响两分钟后,老师还没有说"下课啦!",我们是很容易从学生眼睛里读出"下课啦!"三个字的。

多年的媳妇熬成婆之后,忘记了当年做媳妇的滋味。大约是工作十年后的一天,听电台里播放经典老歌:"黑板上老师的粉笔还在拼命叽叽喳喳写个不停,等待着下课,等待着放学,等待游戏的童年……"我幡然醒悟:何必费力不讨好,好心做错事呢?下课铃一响,学生的心已经飞到了室外,老师还在讲,有几个学生真正在听啊!

我们为什么要把那么多的教学内容放在仅仅 40 分钟的一节课上呢?《儿童给成人的忠告》的第一句就是:"我的手很小,请不要往上面放太多的东西。"下课后,学生要收拾文具,准备下节课学习用品;下课后,学生要上厕所,要喝水;下课后,学生要放松紧绷的神经,呼吸新鲜空气……而这一切,得在区区 600 秒钟内完成。按时下课,既是满足学生生理、心理的需要,是遵守教学法规的需要,同时也是尊重下一节任课老师的需要。"花未全开月未圆",按时下课,教学效果可能会更好,就像听评书,惊堂木一拍:"欲知后事如何,且听下回分解。"学生想知道问题的答案,自己琢磨吧。

否则,下课不像下课,那上课就会不像上课。如果教师总是不及时说"下课啦!",学生就会像足球迷那样不满地喊出"下课、下课!"的。

从那以后,下课铃一响,我就说"下课啦!"。

新接一个班,第一节课,我就告诉同学们:"我不拖课,请帮助监督。"赢得了学生们掌声一片。

哪知道,后来我按时下课,竟然遭遇了学生的"集体抗议"。有一天,全班同学正兴致盎然地讨论一个问题,下课铃响了,我当即说"下课啦!",学生们不干了："抗议，抗议，不下课！"有学生竟然举起了表示抗议的拳头。我装着不明白地问道："下课能玩，多好。抗议，这是为什么呢？"女同学张嘉芮大声答道："我们上的是'疯狂数学'！""疯狂数学？"妙！妙！妙！"疯狂数学"，不是肢体的疯狂，而是思维的疯狂。"疯狂数学"，表达的是忘记时间，忘记自我。"哈哈哈，哈哈哈"，笑过之后，我还是按时下课。

事有凑巧。四年前的一天，下课铃响了，我的教学计划没有完成，后两天又要外出开会，正好有学生表示"抗议"，于是，我顺水推舟，一字一顿地说："那——么，不想下课的，请举手！"全班除一个学生外，都举手了。"少数服从多数，那我就讲完……"下课了，我留下那位没有举手的学生汤潜，我认为他和我情感上有距离了，得沟通一下。"汤潜，我注意到你刚才没有举手，让你痛苦了几分钟，对不起。是不喜欢听华老师的课吗？"哪知小小的汤潜很认真、很礼貌地小声说："华老师，您说过'人人都要讲规则'。"哈哈哈，学生给我上了生动的一课！我们做老师的，往往好为人师，以为自己的课多么重要，学生多么喜欢听，其实按照规则，就该准时下课。下课铃响后，教案上设计的再好的话也是多余的，"下课啦！"才是最好听的。

课堂是师生生命成长的地方，是润泽师生精神的殿堂。我以为准时说出"下课啦！"三个字是一种享受，是一种幸福，享受尊重他人、遵守规则的尊严，享受襟怀大气、精神愉悦的幸福。

2006年3月18日，山东烟台，山东省小学数学年会，我应徐云鸿主任之邀讲授"中括号"一课。课上，学生特别可爱，敢想会想，敢说会说，有很多创造，因此，我的教学计划没有全部完成。

下课时间到了，我说"下课啦！"，学生们说："不行，不下课，继续上！"班长不喊口令，学生们一个个坐着一动不动，台下七八百听课老师善意地笑了。我说："那我们再上两分钟。"

两分钟后，学生还是不肯下课。因为有了上次"成功"，这次他们态度更坚决。

哪知我再讲了两分钟，学生还是不肯下课。我说会议还有其他议程，进而转身向台下听课的老师们求援，出乎意料的是听课老师们竟一起鼓掌，有老师喊："继续上吧!"我热泪盈眶。在这样的情况下,我怎么能下课?

最后在学生班主任的"救驾"下,我才下了课,学生才离开了会场的课堂。

曾看到这样一则消息:英国《太阳报》曾以"什么样的人最幸福"为题,举办了一次有奖征答活动,编辑们从应征的八万多封来信中评出了四个最佳答案:(1)刚刚完成创作,吹着口哨欣赏自己作品的艺术家;(2)正在用沙子堆筑城堡的儿童;(3)为婴儿洗澡的母亲;(4)千辛万苦开刀之后,终于挽救了危重病人的外科医生。

我说,上完烟台那节课,我是世界上最幸福的人。我想,如果我不按时说出"下课啦!",是不会享受到那样的幸福的。因此,我给英国《太阳报》加上一个最佳答案:(5)按时说"下课啦!",而学生不肯下课的老师。

湖北武汉归元寺的墙壁上写着:"人生有两大目标,一是追求想要的,二是享受追求到的。"我撰写这篇小文,是在"享受追求到的",那我"追求想要的"是什么呢?

2009年春晚,罗大佑重新演绎了他的经典歌曲《童年》。那缭绕的歌声唤醒了我:在新的一年里,追求自己的每一节课都能按时说"下课啦!",而学生不肯下课。

当然,我撰写这篇小文,还有一个"追求想要的",那就是——友情提示年轻教师不要拖课。拖课是学校管理中的顽疾。据说,一位资深教育家老奶奶可怜小孙女课间总是不得休息,因此,每到下课前5分钟,她老人家就准时站到教室窗前……

第三辑

课后反思

什么是教育？爱因斯坦的回答是"把所学的东西都忘了，剩下的就是教育"。因此，剩下的没有了成绩，那会有什么呢？应该有心态，有思维方式，有行为习惯……也就是希尔总结的十七条吧。那么，我们在设计教学和实施教学时是否就该想一想，问一问：自己的教学除了知识，还能给学生留下些什么？

人皆可以为尧舜

"您这不是打击我们成绩好的人吗？"

有一年的时间了，一个声音，一个女孩的声音，一直在我的脑海里回响："您这不是打击我们成绩好的人吗？"她为什么这么说？事情还得从头说起——

2007年11月4日上午，《人民教育》杂志社主办的"张兴华和他的弟子们"全国性研讨活动在江苏省南通师范第二附属小学举行。简洁明快的开幕式之后，我登台上课，和五（4）班的学生一起认识"圆"。

由于匆忙从重庆赶来，我突然发现：我没有准备好，我忘记课前给每个学生发放课上要用的A4纸了。我压根没有通知会务组准备。

愣愣地站着，学生不明就里，我在想怎么办。几秒钟后，我想可以用学生的练习本代替，于是请学生坐下，照常开课。

可是，当需要学生动笔做时，发现学生都没有带练习本。是巧合，也是考验。

因此，我只能停下来，请通师二附的老师帮我去取A4纸。

我微笑着，带着歉意说："同学们，实在对不起！今天我犯了个大错，就像一个战士上了战场——"学生们会意了，一起帮忙说："忘了带枪。"

怎么打发这段时间呢？我让学生向来自全国各地的老师们介绍学校、班级或自己。

生：我们二附是一所历史悠久的百年老校，由人民教育家张謇先生所创办。

师：佩服！佩服！一般人只会介绍眼前的，你却想到了遥远的过去，想到了创办人。真佩服！

生：我们学校有漂亮的情智楼、静心楼、童话楼，科技馆、体育馆……

师：好，他把我们由遥远的过去拉回眼前的现实。

生：我叫董思诚，今年11岁，生日是8月9日，星座是狮子座，天天都过得很快乐，虽然成绩不算太好。

全场大笑，台上的同学们更是笑得前仰后合，听课老师们报以热烈的掌声。

我笑着问："董思诚，台下的老师们为什么给你这么热烈的掌声？"

一个学生抢嘴说："诚实——"我说："还有吗？"另一个学生笑着抢着说："不怕丢丑。"全场又笑了。我随即说道："爱迪生、爱因斯坦上小学时成绩都不好。"

一个女生憋不住了，不高兴地说："您这不是打击我们成绩好的人吗？"

全场再次大笑并鼓掌。

我笑着问那位女孩："你怎么就说我打击你了呢？""您说爱迪生、爱因斯坦，诸多名人成绩都不好，是否意味着成绩好的人就没有前途呢？"

全场笑得更欢，掌声更响。

A4纸已经发到学生手头，师父张兴华给我"打住"的手势，我只好收住继续探讨的兴致，说："有意思，有意思！没想到短短的插曲，让我感受到了二附的学生敢于独立思考、敢于直面现实和敢于质疑老师，佩服，佩服！（我竖起大拇指，特别看着那位女生，点了点头）现在A4纸已经有了，先上课，好吗？"

虽然继续上课了，可是我的心里还留有一丝空间，想着怎么回应那位女生？

　　课到尾声，在解决不用圆规怎么画一个大圆时，那位"成绩不算太好"的董思诚说："我觉得可以先确定圆心，画一个很小的圆，然后一米一米地扩大，一直扩大到比较合适的地方，然后把它用油漆画下来就好了。"

　　我情不自禁地夸奖道："创造！创造！我想你将来会像爱迪生那样去创造！大家看，他多棒！华老师教书20多年，还没哪个孩子像他这样想到先画个小圆，然后一段一段往外放的，真是佩服！来，给他掌声！"

　　全班同学善意、开心地笑了，和听课的老师一起报以热烈的掌声。

　　我继续说："这让我想到一句话，'人皆可以为尧舜'，每个人都可以做得很棒。当然，原来成绩好的，可能做得更棒！"

　　听课的老师们会心地笑了。不少学生也明白了老师的意思，回头看看那位女生。

　　我志得意满，灿烂地笑了。

语言是思想的载体

　　下了课，我反复回味这一事件，首先为听课老师夸奖自己"大气、从容而智慧地应对"而窃喜；其次为自己当时拘泥于板书设计，没有随即板书"人皆可以为尧舜"而后悔；再次是后悔自己当时没有组织好语言去回应那位女孩。我觉得她当时的表现，就像一个小女孩看到自己的爸爸抱起了别的小孩，就翘起小嘴坐在了地上："爸爸，我要抱！我要抱！"

　　晚上，回到北京，躺在床上，我再问自己："如果当时师父不让'打住'，如果后面不是有贲友林等老师的课，而是有一定的时间，我会怎么接住学生抛过来的球？""台下的老师们究竟为什么给董思诚那么热烈的掌声？""如果董思诚没有创造出画大圆的方法，我说不出'人皆可以为尧舜'那句话，真会是课下再和学生交流吗？""那女孩为什么要质疑我？我有什么不当的地方？"这么一问，觉得自己的话确实说得不好，如果当时我这么说："成绩优秀固然让人阳光灿烂，但成绩不佳并不一定前景黯淡。爱迪生……"我想那个女孩是不会质疑的。

教育是语言的艺术，那位女生是在教我这个当老师的怎么说话。

这或许就是教学中的反哺。不是有报纸载文称现在已到了"后喻文化"时代了吗？在现代师生关系中比以往更需提倡"教学相长"，可又更难以达到"教学相长"的境界，教师往往是后进生。文化人类学创始人泰勒、心理复演说的倡导者霍尔、儿童教育家蒙台梭利都曾在他们的著述中赞成和推崇过"儿童是成人之父"的观点。看来，我们真得向孩子学习，和孩子一同学习。

"人皆可以为尧舜"，能者为师，我们必须从心底里敬畏学生，无论是"董思诚"，还是那位女生，我们都需要仰视。

学生不是教师的对手，而是和教师一起缔造新生活的另一只手。下次我知道了，一定会向对自己说"不"的学生敬礼。

如此想来，我该这样应对："我诚恳地接受你的批评！（鞠躬）我没有那个意思，我的意思是成绩优秀固然让人阳光灿烂，但成绩不佳并不一定前景黯淡。我更敬佩你质疑老师的勇气！"

教育为何？教育何为？

董思诚画大圆的方法确实是创造，而那位"成绩好的"女生却没有什么自己的想法，于是我再问：成绩优秀的不一定能成才，成绩不佳的却可能成才，那成才的关键是什么？成才最关键的因素与学习成绩无关？还是时间可以抹平一切？

人生成功最关键的因素是什么？我查阅了拿破仑·希尔的《成功学全书》。希尔经过数十年的研究在他的书中归纳出最有价值的、带有规律性的17条成功定律：

1. 积极的心态。2. 明确的目标。3. 多走些路。4. 正确的思考方法。5. 高度的自制力。6. 培养领导才能。7. 建立自信心。8. 迷人的个性。9. 创新制胜。10. 充满热忱。11. 专心致志。12. 富有合作精神。

13. 正确看待失败。14. 永葆进取心。15. 合理安排时间和金钱。16. 保持身心健康。17. 养成良好的习惯。

这17条定律涵盖了人类取得成功的所有主观因素，确实没有一条与学习成绩有关，而与一个人的心态、思维方式和行为习惯有关。

进一步，我们就可以理解为什么相当多的成绩优秀的学生日后没有成功，而相当多的成绩不佳的学生日后能够成才。日后不能成功的成绩优秀的学生往往极度地想赢怕输，包容性差，不会合作；而相当多的成绩不佳的学生心理素质好，心态平和，能够很好地认识自己，意志坚韧，耐挫能力强。

2008年8月6日，我打电话给千里之外的董思诚，问他在做啥。"准备去补课。"我接着问："放假了，怎么还要补课呢？"我听得出，他淡淡地笑，非常开明地回答道："补补，应该的，成绩不好嘛！"那种坦然面对、欣然接受、积极应对的心态，是多么难能可贵。这不正是成功者必备的心理素质吗？当我提到他创造性的画大圆方法时，他说："这不算什么，很奇怪的方法，幼稚！"我的眼前展现出一幅画：海滩边，一个小孩毫不犹豫地把自己垒起来的城堡一下子推倒。小孩是幸福的，我相信他会有更大的创造。

那么，"对人的成全"的教育该做的和能做的又是什么？

什么是教育？爱因斯坦的回答是"把所学的东西都忘了，剩下的就是教育"。因此，剩下的没有了成绩，那会有什么呢？应该有心态，有思维方式，有行为习惯……也就是希尔总结的十七条吧。那么，我们在设计教学和实施教学时是否就该想一想，问一问：自己的教学除了知识，还能给学生留下些什么？

2008年8月12日，我再打电话给那位质疑我的女孩（2008年8月6日，没打通），我问"记得我吗？"，她说"记得"，但上的什么课已经不记得了（这让我有些意外，就隔了10个月嘛），只记得"那次上课，我不礼貌地，突然冒出一句'您这不是打击我们成绩好的人吗？'没有举手，直接说的"。她还记得我说的"成绩好的会更好"。

由此想来，我们的教学要成功，是否也得有一个"明确的目标"？不但要传授知识，而且要启迪智慧，更要点化生命。

我们是不是应该让学生尽早地认识到成绩优劣都能成功，而不是眼睛只盯着考试成绩？我想，这不管是对成绩优秀者，还是对成绩不佳者都是一种价值引导，引导学生生命成长的价值。

继而，我又问：既然成绩优劣都能成功，那学生还要苦学干什么？苦学是一种儿童游戏，表面上看是为了考试成绩，实质上是为了达成一个游戏目标，体味和补充人生历练，积淀为目标而不懈拼搏的精神元素。

……

感动于那个声音，那个女孩的声音；感谢那个质疑，那个"您这不是打击我们成绩好的人吗？"的质疑！

感谢她让我有了这番思考的乐趣。

感谢我自己，因为我"纠缠"于她的质疑，让我"储蓄"了许多对我自己来说还是陌生的崭新的"发现"。

退步原来是向前

前不久，在安徽淮北市，我借班与三年级的孩子一起学习"分数的初步认识"。课进展得很顺利，学生敢想会想，敢说会说，酣畅淋漓。即将下课了，我说："一节课的时间飞快地过去了，我特别喜欢和同学们一起学习！大家太棒了，我真想见见咱们的数学老师！喜欢咱们的数学老师吗？（生答'喜欢'）喜欢我吗？（生答'喜欢'）你最喜欢哪个？"

竟然较多的学生说的是他们的数学老师。出乎意料！第一次碰到。

这一设计，理想的状态是学生回答"都喜欢"，那就按预设进行——"'都喜欢'是什么意思？两个喜欢？不行，只有一个喜欢！……你打算怎么办？建议可以把'你的喜欢'平均分成 8 份，5/8 喜欢数学老师，3/8 喜欢我。学了分数就能用，真不简单！再见啦，我百分之百喜欢的孩子们！"

让原任老师难堪的是，有时候学生齐声回答"喜欢我"。前不久，在北京上课时就是如此。当时我就想"问这个问题真不好，伤害人"！课后我想出个办法："你们老师水平真高，教出的学生这么会说话！只有'一个喜欢'让你为难了吧？想想办法，能不能把这个喜欢平均分成 8 份，对了，5/8 喜欢你们的老师，3/8 喜欢我，不就行了吗？"

可是，今天却让我自我遭遇了难堪。当时，我的反应是"咎由自取，罪有应得"。尴尬之余，我赶紧抓住有一个学生轻轻地说"都喜欢"来救场。可是，如果学生是齐声回答"喜欢数学老师"，那我该如何应对？

上出一节精彩的课，很难；把每节课都上得兴趣盎然，更难；让每一个学生都从心底里喜欢老师，则是难上加难。我是从心底里敬畏这个班的数学老师了。

"听了同学们的回答，我十分敬佩咱们班的数学老师！真为你们的老师高兴，更为你们的直爽自豪！一点点都不喜欢我？你可以把那个喜欢平均分成9份，8/9喜欢×老师，1/9喜欢我，可以吗？"

这样应对，差强人意，但说"再见了，我百分之百喜欢的孩子们"时绝对少了几分真情。

总之，出现这样的局面是极其难堪的。"己所不欲，勿施于人。"现在，我才设身处地地体验到了当学生齐声喊"最喜欢我"自己窃喜的同时，原任课老师是怎样的一番感受！要知道，那可是在成百上千人的会场上啊！

老师和老师之间是有差异的，学生的喜好也会各有不同。既然"一切皆有可能"，那怎么设计更好的结尾呢？当初我为什么要设计这样的环节呢？

这一环节是上这节课时临场想到的，纯属"偶然得之"。课到尾声，总结学生的表现，表达喜欢学生的情意，反过来也问问学生是否喜欢老师。两个"喜欢"一碰，就联想到小时候的"最喜欢爸爸还是最喜欢妈妈"的难题。妙啊，这样的难题现在可解了：这样的环节既总结了课堂，活跃了气氛，又在谈笑间进一步巩固了分数的认识（从具象的单位"1"发展到抽象的单位"1"），更体现了分数的价值和作用。一石三鸟，何乐而不为？

但现实告诉我，这一环节不但可能使自己尴尬，更可能让原任教老师无地自容！因此我必须改变设计！

躺到床上，反思着这一教学事件，大约30分钟了也没能想出新的设计。突然，"哎呀，有啦——"

"一节课的时间飞快地过去了，我特别喜欢和同学们一起学习！说到'喜欢'，想起小的时候，大人们总是喜欢问我们'你最喜欢爸爸还是妈妈'，你怎么回答？对，我也和你一样会机灵地说'都喜欢'！可是大人们会说：'不行，不行，只有一个喜欢。'我就犯难了。现在你有什么好办法来帮我吗？……"

还题目本来的面目，多好！

这正是宋朝无德禅师所谓：

> 手把青秧插满田，
> 低头便见水中天；
> 身心清净方为道，
> 退步原来是向前。

我要衷心地感谢孩子们真实的回答！是他们真实的回答，给我当头棒喝，促我反省；是他们真实的回答，给我醍醐灌顶，教我反思；是他们真实的回答，让我寻根究底，反思我的反思。

杜威先生认为，当人审慎地考察某个观念的基础以及佐证信念的充分性时，"这个过程就被称作是反思；这个过程本身就具有真正的教育价值"。教学反思，不仅是问题的解决、技巧的获得，更是智慧的生成、境界的提升。

敬畏童心
——图上、图后及图？

这是我讲授六年级数学复习课"审题"中的一个
片段——

出示一个大正方形（如图一），把它平均分成了 A、B、
C、D 四块，在其中的 A、B、C 三块中又选择了四分之一
的部分涂上阴影。请学生们思考：

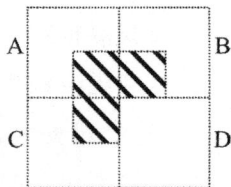

①将 A 的空白部分平均分成形状相同且面积相等
的两部分。

学生经过思考，很快便发现了答案：只需要添一条
线即可（如图二）。

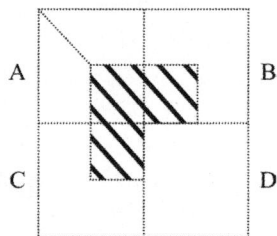

②将 B 的空白部分平均分成形状相同且面积相等
的三部分。

同样，学生们也很快发现了答案（如图三）。

③将 C 的空白部分平均分成形状相同且面积相等
的四部分。

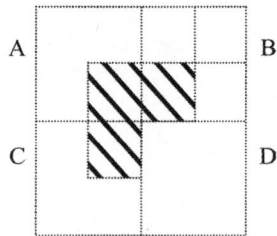

这时，不要说学生，就连现场听课的老师们也陷入
了深深的思考，这的确是一道非常富有挑战性的题目。
最后由老师直接给出了答案（如图四），并简单说明思
维路径（如图五）："C 的空白部分是 C 的四分之三，现
在要求平均分成 4 份，3 和 4 的最小公倍数是 12，因此将 C 的空白部分平均

（图一）

（图二）

（图三）

分成 12 份,再分成'形状相同且面积相等的四部分',就可以想到每部分是由 3 份,3 个小小正方形组成。"

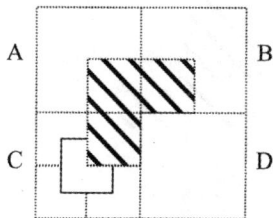

(图四)

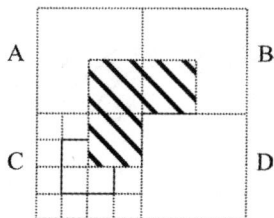

(图五)

现场一片惊叹,这个答案确实不是学生或者老师能一下子想得出来的。

④将 D 部分的空白部分平均分成形状相同且面积相等的七部分。

稍后,给出一句话"解答这道题的世界纪录是 7 秒钟",接着电脑便开始计时。在这样的氛围下,似乎大家都停止了思考,不知道如何应对。当时间到时,没有一人想出答案,老师又出示了答案(如图六)。

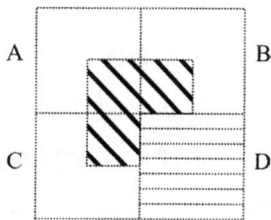

(图六)

现场所有人都笑了。不是因为这个答案太高明,而是这个答案太简单了,正像学生所说的:"我们思维定式了"。的确,思维定式太可怕了,它可以阻断我们正常的思维,同时把我们带进一个怪圈走不出来。

这节课,我已经讲过若干次了,这个环节屡试不爽,基本按照预设进行,没有生成什么意外,总能出彩,让学生笑过之后有思考,有收获。可是,前不久,在北京市昌平区实验小学,我却大长见识。

在我敲出第③题"将 C 的空白部分平均分成形状相同且面积相等的四部分"答案的同时,一个男生竟然举起了手,说他也想到了。我表扬他是"全国第一"之后,请他说说是怎么想的,没想到他竟是波澜不惊地说:"图上已经有答案了。"

我浑然不解。再回头看图,还是不明白;眼睛眯起来,从整个图来看,果不其然(如图七)。

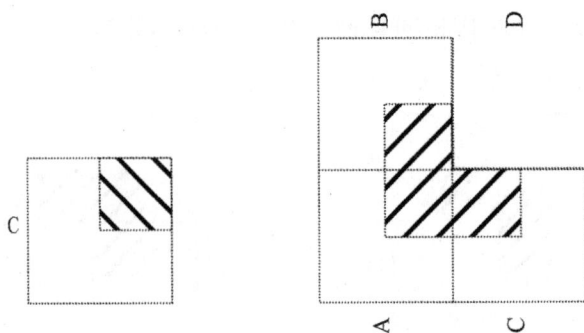

（图七）

哈哈哈，又是一个收获。这就是后面教学过程中我用大卫魔术想表达的意思：倘若眼睛只盯住一处，我们就像瞎子，我们要跳出来从整体上观察。

感动，敬畏童心！

下课后，我打开课件再细细回味，更是佩服那个叫刘蒙蒙的学生！两个图形大小不同，方向不同，还要排除图中无关线段的干扰，他的选择性注意多好，真难得！当时我只顾惊喜，忘记夸奖孩子了。

孩子们认识事物，大多是从整体上把握的。我为什么没能那样看出答案呢？是不是也是思维定式？会不会是因为我们成人想得太多，才使这个问题变得复杂起来了呢？我想起了大家耳熟能详的拼地图的故事。

　　一个星期六的早晨，牧师正在为准备明天的布道词伤脑筋。太太出去买东西了，小儿子约翰哭着嚷着要去迪士尼乐园。为了转移儿子的注意力，牧师将一幅色彩缤纷的世界地图，撕成许多碎片，撒落在客厅地板上，对儿子说："约翰，你如果能把这张世界地图拼起来，我就带你去迪士尼乐园。"

　　牧师以为这件事会使约翰花费大半个上午的时间。但不到十分钟，小约翰便拼好了。每一片碎纸片都各就各位地排列在一起，整张世界地图恢复了原状。

　　牧师很吃惊，问道："孩子，你怎么拼得这么快？"

"噢，"小约翰回答，"很简单啊！地图的另一面是一个人的照片，我先把这个人的照片拼到一块，然后把它翻过来。我想，如果这个人拼对了，那么，这张世界地图也该是对的。您说呢？"

牧师忍不住笑了起来，决定马上带儿子去迪士尼乐园，因为儿子给了他明天布道的题目：人对了，世界就对了。

感动，敬畏孩子们！

一个人是正确的，他的世界就会是正确的。如果按照教师均分不规则图形的常规思路去想，那么解决第③题绝对不可能一蹴而就；而学生心无挂碍，一目了然。如果按照父亲"拼地图"的想法去操作，这活就不是那么简单；而儿子别出心裁地去"拼照片"，一切就这么简单。

一件在成人眼里繁难复杂的事情，到孩子那里何以变得如此轻松而简单？在孩子的想法里没有那么多的经验，没有那么多的规矩，这就使他们善于从新的角度去想问题，善于用新的方法去处理问题，这是一种闪烁着自由之光的天性。这种天性常常表现为"与众不同"。

要画一个圆规没法画的大圆，学生竟然想到先画一个小圆然后把半径依次延长再连点。

在不改变数据和运算符号的情况下，怎样使"$18 \div 2 \times (3+6) = 1$"这个等式成立？学生并不用加上一个中括号，而是创造一个规则：倒着算。

……

回想"图上已经有答案了"，我错了吗？我没错，只是学生更精灵，更轻盈，我们成人往往负载得太多。

作为一名教师，我们只有葆有敬畏之心，常怀无为之意，不是俯视，而是平视，更多的是仰视孩子，才能给孩子们充分的自由，让孩子们在广阔的天空中自由飞翔，才能真诚地去听孩子究竟说的什么，让平等的对话和沟通真正实现。那样，世界才会在我们面前呈现出它的无限生机，我们才会时时处处感受到生命的高贵与美丽，体验到生命的顿悟与喜悦。

下次上课我还会急急地敲出答案，"告诉"孩子吗？

这，取决于我们究竟图什么，是生命的充盈，还是知识的灌输？

"慢慢走，欣赏啊！"

敬畏童心，欣赏儿童的灵性和智慧！

"华老师，您误导！"

　　前不久，我做了一节"平行四边形面积的计算"的观摩课。我希望我的学生从这节课中：不仅学到平行四边形面积计算公式这一具体的结果，而且能在思想方法上有所收获；不仅能够正确地应用这一公式去求得各式各样平行四边形的面积，而且能独立发现平行四边形面积的计算方法，很好地理解这一公式的来源。我希望能让我的同行从这节课中：了解学生在探求平行四边形面积计算方法时的真实思维活动，感受重知识更重方法、重结果更重过程的价值追求。

　　在提出"怎样计算平行四边形的面积"这一问题后，我让学生尽情猜想，然后动手验证（课前学生自己剪的平行四边形纸片，上面没有方格，也没有标上高）。

　　汇报时——

　　第一个学生说："我认为平行四边形面积的计算方法是用底乘高。"然后介绍了自己的验证方法：沿着平行四边形中间的一条高，将平行四边形剪拼成长方形……

　　第二个学生说："我也认为平行四边形面积的计算方法是用底乘高。"接着介绍了他的验证方法：沿着平行四边形上边端点引的一条高，将平行四边形剪拼成长方形……

　　第三个学生说："我没能猜出平行四边形面积的计算方法，我是这样来求的——将平行四边形纸片剪成两个直角三角形和一个长方形，然后将两个直角三角形再拼成一个长方形……"

第四个学生说："我觉得平行四边形的面积也是用长乘宽。因为平行四边形容易变形，可以转化成长方形。"

……

在学生展示完后，我引导同学们对上述方法——进行评价，着重解决第一、二、三种方法有什么相同点，为什么都要沿着高剪。

在评价第四种方法时，我说："这位同学提出了一个十分有价值的问题！请那位同学再说说是怎么想的。"

生：我用四支铅笔搭成一个长方形，再一移就成了一个平行四边形。长方形的面积是长乘宽，所以平行四边形的面积也是长乘宽。

师：非常感谢这位同学！他大胆猜想平行四边形的面积是相邻的这两条边的乘积。（发言的同学满脸自豪）现在，同意的请举手，不同意的请举手。（同意的只有五位，绝大多数不同意）哪位来说说为什么不同意？

生：（指着图）斜过来以后，这条边短了。（看得出同学们没有认可）

师：现在我来解决这个问题，可以吗？（拿出一个可以活动的平行四边形框架）这四条边的长度没法改变。它的面积是相邻的这两条边的乘积吗？（说"是"的比原先多了）平行四边形容易变形，面积变了吗？能用相邻的两条边长度相乘吗？（学生在思考）

生：华老师。我能借用一下您的平行四边形吗？

师：可以！可以！

生：（快步上前，将平行四边形框架反方向拉成一个长方形）这样就能用相邻的两条边相乘。（同学们和听课的老师都笑了）

师：赞成用相邻两条边的长度相乘的，请举手。（绝大多数学生举手了）非常好！他找了个"行"的例子。那你再看呢！（顺着他的方向，我继续拉动平行四边形框架，直到几乎重合）

生：我发现问题了！两条边长度没变，乘积也就不变，可是面积变

了。（认为"行"的学生也不说话了）

我看时机已到，于是总结说：前三种方法，是通过剪拼，将平行四边形转化成了长方形，面积有没有变？（生齐答"没有"）第四种方法是将平行四边形拉成了长方形，面积有没有变？（生齐答"变了"）两者都是转化成了长方形，但我们是要计算它的面积，转化以后的面积能不能变？（生齐答"不能"）

忽然，第一个提出两条相邻边长相乘假设的男同学喊了起来："华老师，您误导！"

全场大笑。

我更是开怀大笑——

学生为什么说我"误导"？因为我没有像以前那样发现学生想错了，就直接告诉他："不对的。""不行的。"

我们认识到，错误本身乃是"达到真理的一个必然的环节（黑格尔语）"。放弃经历错误也就意味着放弃经历复杂性，远离谬误实际上就是远离创造。过度防错、避错，缺乏对差错的欣赏与容纳，就会大大减少学生扩展认知范围、提高认知复杂度、接触新发现的机会，使天然的好奇心、求知欲以及大胆尝试的探索意识被压抑乃至被扼杀。相伴而生的个性特征和思维特征必然是谨小慎微、害怕出错的，这与敢于冒险，在失误中开辟新思路的创造型个性品质和创造型思维品质是背道而驰的。一条缺少岔路的笔直大道，使孩子失去了很多触类旁通的机会，同时也由此失去了来自失误和来自发现的快乐。

将相邻两条边的长度相乘，这是学生在探求平行四边形面积计算方法时的真实想法，是一种合情推理。在以前的教学中没能出现这样的猜想，主要的是由于我们没有给学生"真探究"的时空，学生不是真正的探究者，只是一个操作工而已。再退一步，课堂上万一出现了"差错"，教师也会视而不见，置之不理。而今天的课上，面对如此真实的思想，可以将错就错，顺水推舟，将学生带入柳暗花明的境地，享受豁然开朗的快乐。我们怎能不欣赏悦纳这一宝贵的资源，怎能不露出坦诚的笑脸？

郑毓信先生说过：现代教学思想的一个重要内容，即是认为学生的错误不可能单纯依靠正面的示范和反复的练习得到纠正，而必须是一个"自我否定"的过程。"自我否定"是以"自我反省"，特别是内在的"观念冲突"作为必要的前提，因此为了有效帮助学生纠正错误，教师就应十分注意如何提供适当的外部环境来促进学生的"自我反省"和"观念冲突"。

今天，我的学生说我"误导"，不就说明了我的学生已经"自我反省"了吗？而这"反省"是我促进的，我自然笑得特别开心！

学生是成长中的尚不成熟的个体，我们教师要从正面看待学生的学习差错，要从科学的角度理解学生的各种差错，要用发展的眼光理解这些差错的价值，要允许、认同、接纳和利用学习差错！

在这上千人的大会上，我的学生敢于喊出来——"华老师，您误导！"折射出了我和学生之间良好的新型关系，多么美妙啊！

于是，我微笑着对那位男生说："你说得太好了！不过，我不是误导，而是导误！并且，你的想法是有道理的。你的想法启发了我，计算平行四边形的面积并不一定要用底乘高，用相邻两条边的长度相乘再乘上一个什么就可以了，那将来到高中就会学到的！"

"一盘没有下完的棋"

刘侦伟的作业总是出错。有一天放学的时候，他妈妈拉着他，专门回到学校来找我帮助想办法。他妈妈说："他好像是故意的，绝不全对！就为这个，刘侦伟也伤透了脑筋。""是啊，我这个做老师的也很着急！他的错，没有规律，今天是这儿，明天是那儿……"

最后，我和刘侦伟说："侦伟，这样吧，下次你一个星期的作业全对，我陪你玩一次，行吗？"（我的学生都知道我特别忙，我最高档的奖励就是陪学生玩）刘侦伟两眼发光："真的？""军中无戏言！你说吧，怎么玩？""陪我下棋？""行！"

第二天早上，刘侦伟特地把作业本送到我的手上……"全对！"我冲着他点点头，四目相对，他也回我个"点点头"。一切尽在不言中。

可是，他第三天的作业有一个小错……"唉——"一声叹息。

连续三天全对。连续四天全对。……终于，刘侦伟的作业连续五天全对了！

我吃完午饭，来到教室，坐在讲桌前批改作业。

"侦伟，你愿意陪我下棋吗？"

"非常愿意！"刘侦伟边回答边往前走。

"那就在这儿下吧！"我的手还在翻作业本。

他摇摇头。我说："那你说在哪儿下？"他犹豫不定。"那到我办公室……""不，那儿老师多！""那你说到哪儿呢？"他就是不说。他为什么这么挑地方呢？

我不解。

"那就在这儿吧!"我决定道。

他到座位上拿来象棋。我一边判作业,一边看他摆棋。

"哎,怎么少一个车?"他找了一会儿,没找到。"我就少一个车吧!"他说得很自信。我心想:刘侦伟的棋艺肯定了得!好在我已经做好了输给他的心理准备。因为,我已十几年不下象棋了。但我想输也要输得硬气。"刘侦伟,与你爸爸下棋,你也让他一个车吗?"

"我两个车都不要!"他一脸的自豪。

"不行,我不要你让,你去借一个车来。"

他回到座位,三找两找,竟找出了那个"车"。我突然明白了他为什么要那么挑地方了,原来他是为了照顾我的面子啊!好一个小鬼!

他一个当头炮开局。我想别四平八稳了,还他当头炮。他不急不躁:马二进四,车一平二。

真是老将!"三步不出车正死棋。"他懂。

……

我俩的旁边已经站了五六位"观棋者"。

我根本不再想判作业的事了,自己感到脸热,心跳得厉害。

我的炮将打他的死车,他要求悔棋。我不依:"落子无悔大丈夫!"

他少了一个车,并无半点慌张。我更不敢放松。

我一看表,快上课了。三下五除二,他认输了。

他的眼神复杂:是佩服?是后悔?是不服气?是怨恨?……他无声地回到座位上。

我走到他的旁边:"侦伟,你下次连续全对五次,我陪你再下一盘,好吗?"

他咬着嘴唇,点点头。

第二天,他的作业错了……

这盘棋已经下完好长时间了,可刘侦伟那咬着嘴唇,点点头的样子历历在目……孩子左右为难地挑地方,孩子藏着一个车不拿出来,孩子……"我真不如一个孩子!"

通过这盘棋,外显的是我棋艺高,内含的是我教感弱(就不说别的了)。

我是找到了一个激发孩子潜能的助手,这助手雪中送炭,帮助我让孩子尝到了作业全对的快乐,尝到了成功的滋味,树立了"我能学好数学"的自信。作业目标变成了学生自己的精神需要,是来自内在的、发自内心的,作业成为一种欢快的、愉悦的活动,变成了一种可持续性的学习行为,孩子的体验是幸福的。

可是,我没能锦上添花,没能再帮孩子一把。孩子的体验是痛苦的、苦涩的。虽然说"成功失败都是收获,酸甜苦辣都有营养",但对我这个学生来说,这个时候更需要的是成功的滋润!这盘棋,就像他以前的作业,可能只是由一个小小的疏忽,导致了败局,并不反映他的真实水平。对他这份特殊的"作业",我该怎么办?

"那么我让着他,让他赢?"那样也不见得好!"落子无悔大丈夫"的教育是对的。

为了这盘棋,孩子肯定考虑了很多很多,说不清有多少个不眠之夜呢!他肯定想赢我这个老师,但又想怎么才能照顾到老师的面子?孩子心中是有我这个老师的。但我这个老师却被胜利冲昏了头脑,一心只想冲锋陷阵,过把瘾,心中只有我自己,心中只有那盘棋,纯粹把自己当成了孩子的玩伴,把学生当成了我的陪练,没有了"他是我的一个学生"的想法,忘记了自己是一个老师……

"一切为了孩子的发展!"我该怎么做呢?

不是快要上课了吗?再拖几分钟,一盘没有下完的棋是最好的结局!

如果我的心中装着学生,装着学生的喜怒哀乐,关注学生的情感生活和情绪体验,装着一颗"教育心",当时的我就会想到这一妙招!

学生叫我"华罗庚"

在校园里，少数学生叫我"华主任"，多数学生叫我"华校长"，偶尔会有学生叫我"华应龙"，时常有小调皮叫我"华罗庚"。

学生叫我"华罗庚"，我喜欢。

学生为什么叫我"华罗庚"呢？

与学生第一次见面，学生问我叫什么名字时，我会这样——在黑板上板书"华佗"，问学生："认识吗？"学生说："认识。"也有学生说："是一个名医。"我说："没错，华佗是三国时的名医。"接着，我又板书"华罗庚"，"认识吗？"学生说："认识，大数学家。"我肯定道："对，世界上著名的大数学家！"我再板书"华应龙"，"认识吗？"学生们纷纷摇头："不认识。"我装出无奈的表情，摇摇头，再指着自己说："他就是我！"学生们都笑了……

知道我名字的学生往往会好奇地问："华校长，您跟华罗庚是什么关系啊？"我一般这样告诉学生："我俩老家都是江苏，不过，他在金坛，我在南通；我俩有一个共同的爱好：做数学题、教数学。不过，他教大学，我教小学。我希望我教的小学生中将来有名扬世界的爱国的大数学家'华罗庚'！"

我想，学生叫我"华罗庚"，还由于我在学校主管数学教学。一到六年级的期末数学试卷都是我出，老师在复习动员时常常会告诉学生："最后的试卷是华校长出的，大家要认真审题……"我常常在学校组织一系列的数学比赛和数学课后活动，如一年级的"数字书法家"，二至六年级的"口算之星""笔算之星""思维之星""数学之星"等数学能力大比拼活动，全校的"算

24点"比赛，等等。

为了更好地开展数学活动，我在学校电视中主持数学学习讲座。如在"算24点"比赛的动员中，我结合"2、4、8、10"四张扑克牌介绍比赛规则、比赛意义，再让学生算"2、3、5、Q"怎么等于24。在六年级学生也觉得回天乏术的困境下，我介绍解法"Q÷（3－5÷2）"，很多学生啧啧称赞，脸上写满了"佩服"。进而，我说出自己的切身体会："算24点"是非常快乐、有意义的活动，常常会感受到"山重水复疑无路，柳暗花明又一村"的美妙。接着，我告诉学生："一副牌，去掉大小王，四张牌一组，可有1820种不同的组合，其中，1362个牌组有解，而458个牌组无解，无解的约占四分之一。在多种有解的算法中，最终为两数相乘得24的占72%，因此，在游戏中最终利用两数相乘可作为首选的解题思路。"这之后，学生们觉得我与华罗庚的"关系"就更密啦。

除了组织学生玩数学，我还让学生做数学，在生活中发现问题，用数学方法分析、解决问题，写成小论文。我还在学校报告厅做数学研究性学习报告，让学生欣赏数学，感受数学的价值，积累数学活动经验。如五年级的"从堵车谈起"，通过观察、统计、调查、分析，让学生们体会到堵车问题其实就是数学上的"进水管、出水管问题"。朱晓轩同学的"红绿灯前的建议"得到温家宝总理的批示，并受到有关部门的重视。学生们做数学的热情空前高涨。

我每学期听课在100节以上。听完数学课，我喜欢当堂评价学生——"我们班42名同学，听完这节课，我欣赏39位同学的表现，会用眼睛听课。我最欣赏某甲同学，她的发言最有数学味道。她说得好是由于她肯动脑筋，能有条理地去想。""这节课，我最欣赏某乙同学，他提的那个问题——为什么不用长2、宽1的长方形做面积单位——是一个好的数学问题。"我这样评价的目的是想给学生树立一个数学学习的榜样。因此，学生们非常欢迎我去他们班听课，常常争着把我的椅子拉到他自己座位的旁边。在数学造诣上，我远没有华罗庚高，但在学生们那里，他们往往会把敬佩和喜爱混杂在一起，好像我也像大数学家一般权威呢。

一至六年级的数学课，我都听；一至六年级的数学课，我都上。上课时，我往往结合教学内容讲华罗庚的名言和故事。如："解复杂的问题要善于'退'，足够地'退'，'退'到最原始而不失去重要性的地方，是学好数学的一个诀窍。"再如，讲"四舍五入"法取近似值一课，我给学生讲了华罗庚与相声大师侯宝林的故事。一天，两位大师饮酒聊天，你一言我一语甚是开心，侯宝林问华罗庚："2 + 3在什么情况下等于4?"华罗庚左思右想难以解答，侯宝林笑着说："答案只有一个，就是在数学家醉酒的时候!"华罗庚恍然大悟，原来侯宝林是在调侃他不会饮酒。他灵机一动哈哈大笑道："好一个幽默大师，原来你在拿数学找我的乐呀! 好，我也出道题让你解一解。"他对侯宝林说："我麻烦您到街上买一斤橘子汁，外带一包爆米花。一斤橘汁四角四分钱，一包爆米花四分钱，但我这里只给您四角四分，贵了我不买，少了我不依!"侯宝林听后，着实为难了一阵子，但他也非常聪明，思索一会儿便有了主意，可以跑十家食品店，每家只买一两，打了一斤橘子汁，余下四分钱买了一包炒米花。他用的是数学上的"四舍五入"法。华罗庚高兴地对侯宝林说："想不到幽默大师还很有数学细胞呢!"

因为以上这些情况，在学生眼里，我跟数学大师华罗庚有了不解之缘。我想：最初，我是沾了与华罗庚本家的光，如果我不姓"华"，学生会叫我"华罗庚"吗? 应该不会，"华罗庚"让学生认识了我，记住了我。渐渐地，我也"认同"了，更以大师为榜样，以大师的风范严格要求自己，注意从大师身上发掘教学资源，让学生在玩中学，在乐中学，在生活中学数学、用数学，让学生心中有"数"，从而让学生更加认可了我。

名字只是一个人的符号，但一个名字的背后却有丰富的内涵，"华罗庚"这个符号，很直接地就能让人联想到数学。今天，我非常满意孩子们这样叫我，因为我在他们眼里就是数学科目的代表，但我也知道，在我心中，"华罗庚"这个名字的背后还蕴涵着很多东西：精神人格、名言睿语、经典故事……我将用一生去求索。

学生为什么叫我"华罗庚"呢? 也可能不是我想的这些，那是什么呢? ……

我感激，学生叫我"华罗庚"!

我在课堂

我在课堂，我是学生，我骄傲

从上小学开始，我就喜欢课堂。课堂是我享受的地方，是我享受知识、平等和骄傲的地方。个中原因，一是老师讲的课，我都喜欢。现在想来，我的学生生涯中，没有遇到一位不称职的、把同学们讲得昏昏欲睡的老师。二是由于家庭出身不好，课下的我常常被欺负，而课上的我和同学是平等的，甚至是被老师偏爱的。三是我课堂上的积极表现让老师们都喜欢我，我在学业上也表现得十分优秀，这满足了我的好胜心。薄雾蒙蒙的清晨，我就背着书包去学校，常常是在教室门前等着三三两两到来的同学，然后高呼："今天我第一！"

读师范了，为了自己的课余时间能全部用来打篮球，课堂上的我就特别用心，总是想在老师的前面，当老师提出问题时，我已经想好答案了。毕业考试，我的物理成绩全年级第一，并且是唯一的满分。师范的老师就常常叫上我这个学生一起打篮球，因为我在课堂上已经完成学习任务了。

我在课堂，我是教师，我创造

1984 年，我师范毕业后分配到乡村做教师，后来做副校长，做乡镇教育助理；1995 年，我被调到县城实验小学做副校长；2002 年，我调进北京第二实验小学做教师，后来做教学主任，做副校长。25 年，一路走来，我一直是杏坛的守望者，没有离开过课堂，我享受着做教师的幸福。

应该说新世纪课程改革的春风吹绿了我的课堂，更给我带来了创造的幸福。

创造学生喜欢的课堂。我喜欢小孩，我喜欢在课堂上和学生一起玩数学。在江苏省南通市海安县墩头镇海舍村小学执教的时候，班上只有 13 名学生，我戏称他们是"十三太保"。"十三太保"非常喜欢我。很多时候，我上完课要去开会，可是下课铃一响，"十三太保"就层层叠叠地堵着教室的门，不让我走。那情景就像小时候家里来了我喜欢的远方的亲戚，亲戚要走了，我就堵着门，不让他走那样。学生喜欢我的课堂，我很幸福。1996 年，《江苏教育》要调我去做编辑，海安县教育局的领导非常厚爱地放行。可是那样的话，我就离开课堂了，因此我谢绝了好心的领导。当时不少关心我的人骂道："华应龙，你太傻了！"

调到首都后，我的学生在课堂上也是不让我下课，不过不是以淘气，而是以"民主"的方式。下课铃一响，我宣布"下课"，学生们却一齐举起拳头高喊："抗议！抗议！"

我实在是喜欢在课堂上逗着孩子们玩。现在不少听过我的课的朋友很是佩服地问："华老师，您怎么能用几分钟的时间就与学生打成一片的？"我说，因为我痴迷课堂，我相信"艺痴者技必良"；因为我喜欢赤子，我喜欢和陌生人说话；因为我真心地尊重学生，心诚则灵。

创造解放学生的课堂。一般地，我们追求成功，害怕出错，而"畏惧错误就是毁灭进步"。新课程倡导"自主、探究、合作"的学习方式，我们的课堂教学更需要"化错教学"。我每接一个新班，第一节课都会在黑板上板书："错得好！"。在日常的课堂上，对待学生的思维成果，我着眼点不是在对不对，而是在有没有价值，价值是大还是小，是现时价值还是长远价值。滕矢初先生说过：评价在对错之外，重在激励学生探究。因此，我的课堂上常常能听到学生思维的真实的声音。

要真正解放学生，就需要教师在课堂上"勇敢地退，适时地进"（李烈语）。退，是为了彰显学生的主体地位，为了保证先学后教；退，是为了更有力地进，为了落实以学论教。进，是教师的职责，为了高扬教师的生命价值；进，是为了潇洒地退，是为了学生更自主地进，为了学生的发展。

创造有效帮助的课堂。新课改给了我们教师创造的天地，我们不只是课程的实施者，我们也是课程的建设者。在课堂上，有了我们自己的思考，有了我们自己对教材、对教学的理解，有了我们自己的声音。

教学"角的度量"，教材上是先量角后画角。我创造性地让学生在量角之前先画角，"抓大放小"地认识了量角器之后，顺其自然地揭示量角的本质，从而让学习像呼吸一样自然。

教学"游戏公平"，教材上是通过抛硬币的实验让学生认识等可能性。可是这样的实验不好做，做了往往不可收拾。"反者道之动，弱者道之用。天下万物生于有，有生于无。"（老子语）经过思考、寻找，我创设了抛啤酒瓶盖的实验，让学生喜欢上"数据"，也赢得了大家的赞许。

教学"圆的认识"，以前我们常常画地为牢，不敢越雷池一步。新课改给了我们打破传统的勇气。不该讲的，就不讲；不该练的，就不练；不该课上练的，就让学生课下练。学习的重心本不该在熟能生巧，而应该是急中生智。"大成若缺，其用不弊。大盈若冲，其用不穷。""不言之教，无为之益，天下希及之。"（老子语）

课堂上的创造，让我体悟到：创造是对前人的扬弃，更是对自己的超越，对自己的成全。课堂是学生的，就应该从学生的需要出发。我们真要想成为学生成长中的"重要他人"，就要不断丰盈自己，让自己在学生眼中就是学科的代言人。

我在课堂，我是学生，我敬畏

我在课堂教学 25 年了，很多小学数学教材上了一遍又一遍。可是，每每备课时，我总喜欢问："为什么要这么教？""真应该这么教吗？""还有没有更好的教法？"课备完后我常常会有种冲动，就像制作了一件特别神秘的礼物急欲和学生分享，我会想："今天的课堂上又会有什么故事呢？"我保持着对课堂的好奇。只要一踏进课堂，就"没办法来抵抗"课堂的魅力，"就像我们年轻时，喜欢漂亮的女孩子一样"（丘成桐语）。我们的课堂具有无穷的魅力，我们的学生具有无限的可能性，是一个谜。我使出浑身解数来解谜。

一次讲课前，一名男生介绍自己成绩不好，大家都笑了。我随即说道："爱迪生、爱因斯坦上小学时成绩都不好。"哪知一位女生坐在座位上竟然喊了出来："您这不是打击我们成绩好的人吗？"这一声喊，惊醒了我——让我明白在课堂上我应该怎么说话；这一声喊，叫我思考"教育到底要给学生留下什么"；这一声喊，让我醒悟——我们的教学就该是在课堂上播种希望。

教学"分数的初步认识"，课进展得很顺利，学生敢想会想，敢说会说，酣畅淋漓。即将下课了，我说："一节课的时间飞快地过去了，我特别喜欢和同学们一起学习！大家太棒了，我真想见见咱们的数学老师！喜欢咱们的数学老师吗？（生答'喜欢'）喜欢我吗？（生答'喜欢'）你最喜欢哪个？"竟然较多的学生说的是他们的数学老师。出乎意料！学生的真实回答，让我明白"己所不欲，勿施于人"，我们设计教学环节时应该懂得"退步原来是向前"。

教学"出租车上的数学问题"，一位男生问我："出租车车票上为什么要有这个小黑块？"我诚恳地说："我真不知道。"另一位男生站起来帮忙，圆满地做了解答，让我长了见识。

教学一道思维训练题，在我为自己的教学自鸣得意的时候，一名学生竟然说出"图上就有答案"，让我对孩子的整体思维有了切实的感悟。

教学"神奇的莫比乌斯带"一课，在我的预设之中，一名学生把莫比乌斯带剪成了一根长纸条。可是，他竟然说自己会用这根纸条做套铅笔的魔术。他的魔术赢得了同学们的啧啧称奇。我原以为他的魔术是节外生枝，浪费了教学时间，其实是我没能看透这个魔术，没能把握它与莫比乌斯带的联系。

我敬畏我"老师式的学生"。我敬他们的天真无邪，我敬他们的思维活跃，我敬他们的见多识广，我敬他们的善解人意；我畏自己的老成世故，我畏自己的才疏学浅，我畏自己应对失当，我畏自己准备不足，我畏自己在某一个环节会故步自封……

新课程的扎实推进，实实在在地解放了学生的时间，解放了学生的空间，解放了学生的眼睛，解放了学生的双手，解放了学生的大脑，解放了学生的嘴巴，焕发了课堂的生命活力，让我们教师的职业价值和生命价值内在地统一，让我们真正体验到了教学相长的幸福。成长是一种幸福。

新课程的征途，任重道远，我还将在课堂。那么，如何让自己的课堂化繁为简，返璞归真？如何让"融错教学"的操作模式能为更多的年轻教师把握？如何让自己的课堂生命力更旺盛？如何让自己的课堂生命更圆融？吾将上下而求索。

我思故我在，我在课堂。

会飞的课堂

2003 年，我执教"36 军官问题"一课——

（播放建国 50 周年天安门广场阅兵式录像片段之后，出示了 18 世纪普鲁士王国国王的图片）

师：18 世纪的欧洲，有一个普鲁士王国，国王叫腓特烈，他也想举行一次阅兵式，用 36 名军官组成一个方阵作为整个阅兵式的先导。他们国家共有 6 支部队，每支部队各有 6 种不同级别的军官。国王突发奇想，他想从 6 支部队中各挑选 6 名军官，这 6 名军官正好是 6 个不同的级别。用这 36 名军官排成一个方阵……

生：（插嘴）太容易了，每行 6 个人，排成 6 行就行了。

师：（微笑）不过，国王有个要求：每行、每列都要有各个部队、各个级别的军官。

（生面露难色，有的皱眉，有的沉思，有的跃跃欲试。）

师：现在，你在想什么呢？有人想试一试，是吗？

（突然一位学生有些得意地举起了手。）

生：这样没法排。要求每行每列都要有各个部队、各个级别的，如果是 3 行 3 列的是可以的，6 行 6 列是不可以的。

师：（好奇地）是这样吗？你怎么知道的？

生：（激动而得意地）我是从书上看到的，保证没记错！

师：爱看书是个好习惯！那么，你研究过吗？情况是不是真的这样呢？其他同学研究过吗？

（同学们轻轻地摇头。）

师：我们祖先有一句话："尽信书则不如无书。"说的就是不管对什么事，一定要经过我们自己的思考，自己的探索。那么现在你想研究这个问题吗？

生：（迫不及待）想！

……

师：上了这节课，你有什么收获和遗憾呢？

生1：有些事情必须要有所试验才行。不可以过早地下结论，或者轻信别人的结论。上了这节课，我就想起二年级语文课学过的一篇课文《小马过河》：松鼠说"河水很深，会淹死人的"，老牛说"河水很浅，刚到膝盖"，小马听了之后就不知道怎么做了。这篇课文说的是同一个道理："要想知道梨子的滋味，就要亲自尝一尝。"

师：说得真好！联想到语文学科的了，说明了一个特别好的道理：不是听别人说，而是自己去思考，自己去尝试，非常可贵！

生2：这节课，我最大的感受就是要有特别严谨的作风。我发现2行2列的排不成，3行3列的排出了，我就得出结论：凡是偶数的都排不成，凡是奇数的都可以排。我以为自己就成功了，4行4列的我以为排不成就不去好好想了，所以就真的排不出来了。上了这节课后，我觉得有点惭愧，我知道提出一个猜想之前也要经过无数次的探索。

生3：我也有这样的感受。哪怕有99次都成功了，只要下一次失败了，就需要进一步地推敲了。我记得您曾经说过，证明正确，需要无数个例子；证明错误，只要一个反例就够了。

生4：（一学生突然十分兴奋地站起来）华老师，您刚才说数学家已经证明了"36军官问题"是无法解决的。可是，我已经排出来了！（异常激动地走到展示台前）请大家看！

师：（已看出其中的差错，而同学们没发现；教师故意没指出来，而是——）遗憾的是要下课了，我们没时间来检验了。6×6的方阵，假如你真的排成了，数学史就要因你而重写了！

（下课铃响后，生4仍然在本子上画图、列表。在本子上方，赫然写着这样一行字："数学史上将留下我的名字！"）

回顾这节课，回味2000年以来新课程背景下的课堂，不管是自己上的，还是听同行执教的，我脑子里蹦出了一句话——现在的课堂会飞。

课堂怎么在飞？因为学生在飞，教师在飞。

学生在飞。学生的思维在飞跃：从"2"和"3"想到了"偶数"和"奇数"，从"有限"想到了"无穷"，从数学课堂想到了语文课本，从自己的体会想到了同学的探究，从笔下的习题想到了广袤的世界，从当下的教室想到了遥远的未来……

学生的思维为什么能飞跃？因为，学生本来就是天使，拥有一双隐形的翅膀。教师的尊重，没有剪掉学生的翅膀；教师的欣赏，帮助了学生的飞翔。

"课堂因融错而精彩"，已成为大多数教师的共识。在现在的课堂上，学生不用担心出错，"思考过就不用说抱歉"，波普尔说："那些不愿意冒着被证伪的危险去发表自己观点的人不能参加科学游戏。"正是老师与学生一起营造了宽容的氛围，让孩子们不怕被"证伪"而乐此不疲地感受着"数学好玩"。"我终于翱翔，用心凝望不害怕。"大概是当今学生在课堂中的心声。

就像那首《隐形的翅膀》所唱的那样："隐形的翅膀让梦恒久比天长，留一个愿望让自己想象。"新课程的课堂实践让我体悟到：教学，要传授知识，启迪智慧，但更有价值的是要在课堂上播种希望，让学生去想象自己生命的成长。

教师在飞。教师的思想在飞扬。

以前的教师是教材的忠实的执行者，缺乏自主参与。新课程改革纲要明确了教师也是课程的建设者。少了许多"不得越雷池一步"的规定，我们可以更多地考虑如何更好地促进学生发展。"教什么"的权利，给教师的工作带来了更多的自主，也带来了更多的挑战。课堂上的教师可以思接千载，视通万里。课堂上的题材可以从白雪公主和七个小矮人（贲友林的课）到电视上有意思的奶粉广告（张齐华的课），等等。真正是"海阔凭鱼跃，天高任鸟飞"。

我记得有这样一句话："天使为什么会飞？因为她把自己看得很轻、很轻。"

以前的我们在课堂上为什么不敢飞、不能飞？因为我们对传统教师角色的眷恋：自觉不自觉地以真理的化身自居，以传播真理为己任。

以前的我们在课堂上为什么不敢飞、不能飞？因为我们特别地敬重书本，乃至于迷信知识。

回想"36军官问题"的课始，学生从课外书中看到的结论几乎把这节课送上了"绝路"：书上早有了，我们也知道了，还研究什么？一句"尽信书则不如无书"有效地去书本权威：人们包括孩子们常常把书本的知识当成真理，是不必解释无须怀疑的真理。殊不知一切知识都是可错的，都是有待于检验和反驳的，"一定要经过自己的思考，自己的探索"使学生兴奋地踏上了探索的旅程。

新课程下的教师不再是一支蜡烛，而是一根火柴，去点着学生求知的火把，去点燃学生生命的火焰。

现在的课堂不再是那样的沉重，不再是那般的凝固，思维闭塞，暮气沉沉，而是充满着生机和活力，朝气蓬勃，想象丰富，是那样的轻盈和灵动。课堂上，有了我们自己的思考，有了我们自己对教材、对教学的理解，有了我们自己的声音。

现在的课堂上，常常有"煮熟的鸭子"飞走了的时候。可是"室"翁失"鸭"，焉知祸福，正因为有这样的种种意外，我们的课堂才更有挑战、更有意味、更有兴致。课堂教学就像是一次心灵之旅，如果前面的路上有什么都是已知的，那么整个旅行便索然寡味。能激发教师激情的，就是课堂中的不可知。钱理群先生说："我都是带着一种期待、想象，怀着一种激情、冲动，全身心地投入，陶醉于其间，用婴儿的眼睛去重新发现，把它看作是自我生命的新的开拓与创造，从中获取诗的感觉。"我想，这种"诗"的感觉就是

"飞"的感觉。

思想改变课堂，激情成就梦想。乘着思想的翅膀，师生一起飞翔，飞翔于课堂之中，如鱼之在水，如鸟之在林。

"好风凭借力，送我上青云。"我们很幸运，我们遇上了新课改。

"知道我要的那种幸福，就在那片更高的天空，我要飞得更高，飞得更高。……翅膀卷起风暴，心生呼啸，我要飞得更高，飞得更高……"

飞的不是身体，而是心灵。飞代表一种上升，人的主体性的上升和张扬。

飞，是一种状态；飞，是一种自在；飞，更是一种境界。

会飞的课堂，必将造就华夏之腾飞。

反思教学，超越自我

教师专业成长的道路在哪里？"反思"是这几年被不断强调和凸显的一条路径。但仅仅知道反思的重要性，是远远不够的。"反思"什么？如何"反思"？从我的一次教学实践说起——

二年级上册《数学》（义务教育课程标准实验教科书新世纪版）上有关于概率的初步认识——"可能、一定"。大家都在研究如何上好这节课。我觉得有的研究课上得有点偏，偏在哪呢？主要偏在教学定位。该内容的编写意图是让学生通过活动感受到有些事件的发生是可能的，有些事件的发生是一定的，也就是初步认识可能事件和确定事件，仅此而已。而有的老师上这节课的时候，把"可能性有大有小"和列举可能性的若干种情况都纳进来了。我认为这主要是不太清楚教材的结构体系造成的。

我在上这节课的时候，先让孩子们从装有 3 个黄球和 3 个白球的盒子里摸出一个球，让孩子们感受"可能"——可能是黄球也可能是白球。然后再让孩子从装有 6 个黄球（没有白球）的盒子里摸出一个球，让孩子们感受"一定"——一定是黄球，不可能是白球。但我事先不告诉孩子们盒子里装的什么球，而是——

  师：刚才同学们摸球了，有趣吗？

  生：有趣。（声音不高）

  师：现在还想摸吗？好，（拿出事先准备好的盒子）如果你摸出的是白球，将会得到这个奖品（出示奖品），一个很好玩的小东西。（学生的情绪一下子被调动起来了，都举起了手，好多孩子竟站了起来）谁来摸呢？看谁坐得端正！（指名一男生到讲台前来摸球，孩子的手刚要从盒子里拿出来时却被我按住了。）

师：他摸到的是什么球？

生：黄球。

生：是白球。

生：可能是黄球。

师：他用上了"可能"这个词，真好！请你拿出来吧。（男生将球拿出，是黄球，孩子们发出一片惋惜声。再指名一女生，又摸出了一个黄球，孩子们又是一片惋惜声。这时学生情绪高涨，争先恐后。）

师：（再指名一女生）这一次摸到白球了吗？（停顿，让孩子们在脑子里猜测）好，请拿出来。

（她摸到的也是黄球，她自己笑了，同学们也笑了。）

师：（再指名一男生）他能得到华老师的奖品吗？（他拿出来的还是黄球，孩子们有些骚动。）

师：还想摸吗？

（还是有不少孩子举起了手。）

师：有没有人有意见？有没有想法？

生：我觉得这盒子里全部都是黄球。第一，您怕同学得到奖品在课上玩。第二，这奖品是买来的，您以后还要用。所以，我觉得这盒子里全部都是黄球。我肯定这一点了。

师：真的吗？你想知道真实的情况是怎样的吗？

众生：想！

（我打开盒子，让学生看到了6个黄球，众生哗然。猜对的同学大喜。我将球一个一个拿出来，最后将盒子倒扣过来，孩子们都笑了。有一男生的声音："上当了！"）

师：上当了？是，这是华老师跟大家开了一个玩笑，这个盒子里面装的都是黄球，可能摸出白球吗？

　　生：不可能！

　　师：（板书"不可能"）从这个盒子里面摸出一个球——

　　生：百分之百是黄球！

　　生：一定是黄球！（我板书"一定"。）

接着，我又创编了一个"看连环画听故事"的活动，让学生用上已形成的"可能"和"一定"来分析和判断。

　　[出示连环画，画外音：一个公司老板亟须招聘一些员工。于是，他就在公司的门口贴出了一张特别具有诱惑力的广告。上面写着："来我公司工作，工资高，每天你可能得到 8 枚金币。"这个广告贴出去之后好多人都看到了。它太具有诱惑力了。于是真的有很多人来到公司打工。大家辛辛苦苦干了一个月，该拿工钱的时候，却发生了这样一件事——老板提着一袋金币过来，打工的人刚想拿，老板说："不许动！要想拿到金币，还得做一件事情——你们把它抛起来掉在地上的时候全部正面朝上，你们才能把这袋金币拿走！"打工的人能拿到这些金币吗？]

接下来就让学生说想法。

　　生：如果是和盒子里的一样的话，那些人也只有一个答案，只有反面。因为我猜测金币两面都是反面。如果在盒子里的话，盒子里有两个字，你也能猜到。（一边说一边眨着眼睛，说完，歪着头看着老师）

　　师：让我来猜哪两个字？

　　生：（点头）就在盒子里面，你自己应该能猜到。看是看不见，但你脑子里面应该能想到。

　　师：挺厉害的！盒子里的两个字是什么？

　　生：（善意提醒）没有。

生：（重重地说）坑人。

（全场哄堂大笑。）

师：（放声大笑之后）对，华老师就是想让大家知道：刚才那个摸球游戏就是坑人的！

（全场掌声和会意的笑声。）

上完这节课，我深深地为孩子们积极的参与、独特的体验、大胆的表达而高兴。"新课程下的孩子们真是了不得！"

1. 回眸"肯定"的女生

那个女生果然判断出了盒子里都是黄球，但她是从前四位同学摸出的球的情况来判断的吗？不得而知。因为从她的解释来看，却是另一个判断过程："我觉得这盒子里全部都是黄球。第一，您怕同学得到奖品在课上玩。第二，这奖品是买来的，您以后还要用。所以，我觉得这盒子里全部都是黄球。我肯定这一点了。"或许，这位女孩的思维是两者兼而有之，但她表达出来的却是来自她课堂生活积淀的合情推理，并不是根据摸出的球的情况而做出的"可能"猜想。

她为什么会这么说呢？

新课程实施以来，有一股非常好的潮流，就是我们数学课堂尽可能地和孩子的生活接近，取材于孩子们的生活，追求"数学生活化，生活数学化"，这样一来既调动了学生学习的积极性，又让他们体验到了数学的价值。但是，有的老师为了让学生围着自己转，许诺奖给学生卡通玩具；有的老师让学生运用所学的知识为老师、为学校、为市长"排忧解难"、"出谋划策"……然而，"图穷匕首见"，忘了兑现，不予兑现，不可兑现。这样，学生们积淀下的是何种情感呢？我曾听过这样一节"设计方案"的课。在课的最后一个环节，老师说："我们刚才是坐车来的，现在我们一起来设计一个坐车回去的方案，大车最多坐几个人，中巴车最多坐几个人，小车最多坐几个人。"学生们设计得很好，老师的组织和引导也很好。临下课前，大家评议出了一个最佳方案。下课了，我跟在学生们后面一起下了楼。结果看到的是上课的学生和做课的老师挤上了一辆大巴车。

我们的一堂课犹如一场足球赛，要有绝妙的攻防方案，流畅的传切配合，更要有踢好"临门一脚"的意识和功夫！

2. 回味"坑人"二字

"有奖摸球"是有意设计的。设计的意图：一是调动孩子们参与的积极性，摸到白球有奖，孩子们会更来劲；二是孩子们已经形成了"可能"的概念，那么他摸到白球的愿望会更强烈，未能如愿，就会迫使他做出猜测，后面"从这样一个盒子里摸出来一定是黄球"的体验也就越深；三是促进孩子的社会化。西安的"宝马车案"不就是这样的吗？街头摊贩就常有这样的把戏。

不过，我没想到学生会诘问出如此激烈的"坑人"二字。小学生，特别是低年级的孩子对老师通常都是非常敬佩，他们觉得老师特别高大。可是今天的这个活动做完以后，他们觉得"上老师当了"，他们觉得老师在"坑人"。这样对于教师形象的负面影响是很大很大的。亲其师才能信其道，怎么解决这样一个问题呢？

如果没有奖，学生是不会说老师"坑人"的。但没有奖又怎样让学生积极参与其中呢？后来想到：摸出一个黄球，就不放进去，然后再去摸的时候，摸到白球的愿望也就会越来越强烈。但我后来再想：这样的设计不好，它和后面将讲到的统计概率的游戏规则相冲突。摸球一类游戏的规则是摸出来还要放回去才能再摸。不放回去，样本就不一样了。

我还是不想把"有奖"去掉，那怎么办呢？

想了两天以后，我儿子的一句什么话启发了我。于是，我到学校后面的小商店里拍了一张相片，小商店的货架上是琳琅满目的商品。开始上课时，我有意不穿外套。到"有奖摸球"前，我穿上外套，投影那张相片，然后说："我是这个商店的老板，你看我这里有吃的，有喝的，有玩的，还能摸球得奖呢！"然后，组织学生摸球……当孩子们情绪开始激愤、有意见、要说"坑人"的时候，老师把外套脱了，然后说："同学们，老师来了，你有什么话想说？"相当于是一次采访，让学生谈感受。一件外套，将老师保护了起来，也还原了这类游戏的本来面目。

第二次上这节课时，我这样做了，真有效，没有学生再说"上老师当了"。为什么这么有效呢？这就是一种角色扮演。有没有这种角色扮演，效果就是不一样。正像我们讲"方向和路线"的时候，会设计问路的情境一样。如果老师一边问话一边伸手做打电话的动作，那一下子就能把学生带入一个打电话问路的情境中。有伸手做打电话的动作，你就是一个问路人；而没有伸手打电话的动作，你就是一个老师。

有时候，一件小小的道具的作用是挺神奇的。

后来我又想：还有没有更好的办法？有道是"没有最好只有更好"。后来想到一个办法：把两次摸球的先后次序颠倒一下，还是有奖，先摸6个黄球，再摸3个黄球3个白球。先摸6个黄球，当孩子感觉"上当了"的时候，老师有一个很好的解释就是："对不起，老师拿错盒子了。"不是老师有意而是老师的疏忽。分析、揭示"一定"之后，接着再来摸3个黄球3个白球，感受"可能"，真把奖品奖出去。

大道至简。开始怎么没有想到呢？因为我有经验，先后次序的调整，往往就会别有洞天。

第三次讲这节课，我尝试了新的设计，效果却不好！

这是怎么回事呢？我想最主要的原因就是次序调整后，孩子们没有先摸装有3个黄球和3个白球的盒子，还没有形成"可能"的概念。摸一个球出来会是什么结果呢？学生心中是不知道的。同时，事先没法交代盒中球的情况，真有点"盲人骑瞎马"的味道。所以这样设计的教学效果就不好。

看来还是要先摸3个黄球3个白球，再摸6个黄球。摸6个黄球有奖但不可能得到，如果后面能再设计一个活动，让学生有可能得到这个奖品就好了。我继续在思索……

3. 顾盼四幅连环画

回头看看创编的"看连环画听故事"，挺欣慰。那是费了两天的工夫才编成的，可以达到多个目的：是课程标准中提出的改变题目呈现方式的积极尝试；让学生在饶有情趣的情境下，运用"可能""一定"来进行分析、判断；

在富有挑战性的情境中，积累应对智慧。

再细想，觉得这样一个故事也有不妙的地方。金币落到地上有没有可能全部正面朝上？从理论上说应该是有的，只是可能性太小了。这个微乎其微的可能性，能让二年级的学生来认识吗？

有一天，看中央电视台的《今日说法》，突然悟出撒贝宁讲的故事可以"拿来"一用。于是，我将录像剪成两段。

> 撒贝宁：古代有一个将军打了败仗，他和他的手下被敌军追到河边，走投无路的时候，将军决定拼死一战，但是手下的人都觉得凶多吉少，将军拿出一枚铜钱说："如果抛出去是正面那么我们就必定胜利，如果抛出去是反面，你们就跟着我投河自尽。"

故事播放到这里，挺悲壮的。我组织学生发表感想：铜钱落到地上可能正面朝上，也可能反面朝上；将士们可能胜利，也可能投河自尽。

> 撒贝宁：结果铜币抛出来是正面，士气大振，他们把敌军杀得片甲不留。最后，将军拿出铜钱给大家一看，两面都是正面。

再让孩子在笑声中分析：如果两面都是正面，那会怎么样？"一定"是正面。

这样，用一个现成的故事，把"可能""一定"很好地串了起来。

面对变化不居的课堂，面对课堂上发生的教学事件，当我们以经验的方式无法化解的时候，就需要通过反思来提升我们的教育智慧。同时，反思教学会使我们从"日常教学"中觉醒过来。叶澜教授说："一个教师写一辈子教案不一定成为名师，如果一个教师写三年的反思就有可能成为名师。"也有学者指出：对教师而言，能否以"反思教学"的方式来化解教学中发生的教学事件，这是判别教师专业化程度的一个标志。不论自己的每一次否定和尝试是不是正确，我们置身其中首先能感受到的是一种执著和专注的精神，一种永不满足、不断精进的精神。

反思教学当反思教学定位问题、教学设计问题、教学效果问题、动态生成问题、教学资源问题，等等。

反思之后当以再实践来检验。实践才是检验真理的唯一标准。再实践以后再反思：为什么有的方法是行的，有的方法是行不通的？再寻求新的解决方法。再实践是对反思的检验与进一步反思的催生，是增强反思力必不可少的环节。

反思之后要学习。孔子曰："学而不思则罔，思而不学则殆。"思而后学，学得更有效，思得更深刻。捧读专著是学，请教同人是学，观天赏花看电视也是学。教师"学习"的状态，将制约教师发现教学事件的视阈，左右寻找解决问题办法的眼光。

实践、反思、学习应当是不断循环，相互融合的。在这样的循环往复中，我们的专业素养就可以不断提升。正如《中庸》所言："博学之，审问之，慎思之，明辨之，笃行之。有弗学，学之弗能弗措也；有弗问，问之弗知弗措也；有弗思，思之弗得弗措也；有弗辨，辨之弗明弗措也；有弗行，行之弗笃弗措也。人一能之，己百之；人十能之，己千之。果能此道矣，虽愚必明，虽柔必强。"

我们教学的生命力不是"复制"而是"刷新"。新课程要求我们教师具备的不只是操作技能技巧，还要有直面新情况、分析新问题、解决新矛盾的本领，在更高的起点上不断实现自我超越的精神。只有建立在反思精神之上的反思能力才是真正有力量的、有生命的、有灵感的，才是真正能促进教师成长的。

第四辑

听课随想

在过去的教育教学生活中，我们是否还遭遇过学生的"投师所好"？学生有意或无心的"投师所好"是由哪些因素造成的？是由于学生的"不认真"？除了唯书唯上的文化因素，除了学生缺乏尊重客观事实的态度、怀疑求真的意识，还有没有其他因素？在过去的教育教学活动中，我们是否曾有意识地暗示或下意识地期望学生说出老师想要的回答？我们为什么会有这样的暗示或期望？我们是否在窄化和功利化课堂的追求？我们要重视知识探究过程及方法的启迪，还要不要关注其中负载的情感态度价值观？我们要做专业化的"经师"，又怎样做一个有责任感的"人师"呢？

一树一菩提，一花一世界

前不久，我有幸观摩了北京第二实验小学李烈校长的"能被3整除的数"一堂课，获益良多。特别是巩固练习阶段的5分钟，我认为这高度浓缩了李烈老师的教育思想和教学风格。

师：老师这儿有10张数字卡片，你们看到是从几到几？这儿也有10张，看看是从几到几？

（教师分别在两块磁性小黑板上快速摆放数字卡片，顺序不同。）

生：（齐）两边的数字一样，都是从0到9这10个数字。

师：下面我们做这样的练习，我想把同学们分成两大组，来个比赛，好吗？

生：好！

师：赛什么呢？我请第一大组的同学用这边10张中的3张，组成同时能被2、3整除的三位数。请第二大组的同学用这边10张中的3张，组成同时能被5、3整除的，也是三位数。怎么赛呢？咱们每个大组选两位代表到前面来，第一位代表先选3张卡片组成一个数，第二位代表从剩下的卡片中取3张接着组成第2个数，听明白了吗？（生点头）你所选出的代表的对错，和你们的胜负有直接关系。如果他错了，你们可以参与，下面的同学可以说出来告诉他，也可以到前面来帮忙。请赶紧推举两名代表。

（老师组织同学们分别推举了两位代表到黑板上完成练习。第一组很快组出两个三位数；而第二组第一位代表很快组出第一个数"150"后，第二位代表却迟迟没有动手，抓耳挠腮。第二大组的同学可着急啦。几个同学按捺不住，也跑了上来，但是由于规定只能用剩下的数字卡片组数，所以谁也没有办法完成第二个任务。"怎么回事呢？"大家迅速讨论起来。突然，一个同学跑上前，把150中的5换成了8，然后组成了第二个数435。全组欢呼。师生共同评判出两组答案均正确后——）

师：两个组的两个数都对了，从速度上看，谁快？

生：第一组快。

师：在速度上第二组慢了点，按照这个评判，该是——

生：第一组赢了。

师：第二组的同学，有什么想法吗？（第二组的同学们面面相觑，没人吭声。）

师：我想替第二组说句话，第二组的这道题比第一组的难。（稍停，学生一筹莫展。老师再等五六秒钟，无人应答。）因为，首先，第二组题符合要求的个位数字只有5和0两种情况，你想：有第三种情况吗？而第一组的可能有多种情况，所以，第二组的题目要难一点儿，是吗？其次，我放卡片的时候，给第二组的同学设了一个"陷阱"，别的卡片是我随便放的，但是前面3张卡片我故意放了1、5、0，并且与后面的卡片留有一点空隙。能明白老师的意思吗？

（全班同学都乐了。）

师：（眼看那位把5换成8的同学）你怎么想到把第一个数中5换成8呢？

生：因为能被5整除数的个位必须是0或者5，第一个数如果组"150"，把0和5都用完了，剩下的卡片绝对不可能再组成能被5整除的数，所以需要从第一个数中换出卡片5或者0。

师：其他同学同意吗？（全体学生鼓掌）说得太好啦！从这儿可以看出，实际上第二组题比第一组题难得多，不过第二组的同学们齐心协力，共同合作，开动脑筋，终于巧妙地跳出了"陷阱"。虽然慢了点，但我觉得他们还是很棒的，所以我建议这次比赛咱们就——

生：（齐）并列第一。

师：很好，自我祝贺一下。（同学们很高兴地鼓掌）

师：这两道题，是不是只能组成黑板上这些数呢？究竟有多少种不同的答案呢？有兴趣的同学课后可以继续研究研究。

精心创设比赛"场"，津津乐学获真知。一般而言，学生都认为数学枯燥无味。教者让学生以比赛的形式进行练习，实际上是创设了一种愉悦的学习情境，这种情境激活了学生争先恐后的心理，产生了强烈的解决问题的兴趣与欲望。在这样的情境中，学生真正从学习活动的本身体验到学习的快乐和满足，并在活动中体验到获得成功的欢乐。同时，让学生体会到"只要踏进了'数学'的大门，你们随时随地都会发现数学上也有许许多多趣味的东西"（华罗庚语），产生爱学数学的情感。

在正确看待比赛结果，合理评价自己和他人这一问题上，教者可谓用心良苦。我们习惯看重结果，比如竞赛总想分个高低上下、好差优劣，而在这次比赛中教者有意无意地让学生明白：比赛的结果仅仅是个形式而已，更重要的是过程，过程才是最有意义的、最有意味的；竞争的结果不一定是你赢我输，我胜你输，也可以是双赢双胜。在老师的引导下，学生们自己由衷评判出"并列第一"，真是难能可贵。这在无形中也教会了学生以一种正确的心态去面对生活中的竞争。

不露痕迹设"陷阱"，引导合作促发展。教者有意将第二组题的"1、5、0"组合在一起，放在最前面，并与后面的卡片稍分开一点，而在摆放卡片的过程中却无丝毫刻意的痕迹，都是一挥手将卡片摊开，参与比赛的双方都没有丝毫觉察。一个"美丽的陷阱"就这样设置了。第一位代表果然上当，这就促使其他同学通力合作，想办法跳出"陷阱"。这样，无形中把学生的思维从表面引向实质，由片面引向全面，不能单单想到"150"能同时被5、3整除，还要去考虑一个关键的问题：能被5整除的数的末位必须是0或5，而

150 把 0 和 5 都用完了，剩下的卡片自然无法再组成符合要求的数了。唯具有较强的合作意识才能取得最后的成功，这或许正是教者"不露痕迹"的本意。当今社会，竞争日趋激烈，竞争的成败往往取决于人们的合作。团队意识和合作精神是现代人素质的重要组成部分。这一片段，让学生在参与中体验到挫折，在挫折中体验到合作，在合作中体验到成功，促进了学生社会化的进程。

高超的教学技艺，鲜明的教学特色。马克思说过："蜜蜂建筑蜂房的本领使人间的许多建筑师感到惭愧。但是，最蹩脚的建筑师从一开始就比最灵巧的蜜蜂高明的地方，是他在用蜂蜡建蜂房以前，已经在自己的头脑中把它建成了。"李烈老师的这一精彩片段匠心独运，周密计划，而这种计划的目的是一切为了培养健全的人。到黑板上完成练习的学生，并不是老师指派的，而是学生自己推举产生的，这是一种对学生的尊重，让学生有一种代表意识。这样，不管是代表还是非代表，都会把对方当作尊重的合作伙伴，为一个共同的目标而主动、积极地努力。

这道竞赛题，很显然是一道开放题，它让学生走出线性思维的圈子，强调思维的发散性，比如跳出"陷阱"时，对于"150"，可以换去 5，也可以换去 0，十位数或百位数也都有多种可能，这就显示出思维的灵活性、多向性和选择性。在学生思维的闸门被打开之后，李烈老师适可而止，只用一句——"究竟有多少种不同的答案呢？有兴趣的同学课后可以继续研究研究"——把学生由课内引向课外，留给学生思维的时空，给学生以再发展的余地。"见好就收，方余味无穷。"李老师深谙其中真谛。

有些认识只靠讲是不行的，有些错误只靠事前的提醒也是难以避免的，而只能是在错误当中去分析，在出错之后去吸取教训。当教师把所设下的"陷阱"挑明之后，同学们全乐了。这个情景对于他们来说，印象太深刻了。学生很可能会记一辈子，当然这其中的收获也会伴随孩子们的一生。李老师"让学生摔倒了再爬起来"，这一招用得真绝！

这一片段，在从容不迫之间，给予学生尽情的轻松、自由、自主，通过知识技能的传授，最大限度地挖掘教学内容的潜能，以实现教学的发展功效和育人功能，体现了教者"实而不死，活而不乱，易中求深，情理交融"的教学特色。围绕这道竞赛题的组织，折射出李烈老师不只是在教书，更是在育人；她不仅是"经师"，而且是"人师"。

回味李烈老师的课，反思自己的教学，觉得差距表现在很多方面，但更多的是缺少对细节的深层关注。

细节是一种关注，是一种体察，是一种创意。关注、体察和创意让看起来只是细节的细节变得富有灵性，充盈着灵动的智慧，洋溢着人性的光辉。一树一菩提，一花一世界，世界的一切原本由细节构成。课堂上的细节是教师教育观念的一种流露，教学风格的一种表达，教育功力的一种展现。

那一声"谢谢"里

前不久，观摩了一节公开课，先进到位的教学理念，耳目一新的教学内容，互动共进的教学方式，动静交错的课堂氛围，给观课的同人留下极其深刻的印象，给大家很多的启发。在赞赏之余，我觉得课堂上有一个小的细节，也应当引起为师者足够的重视。

执教老师先在天平的一只托盘里放了 6 支粉笔，再在另一端托盘上放了 4 支铅笔，天平平衡了。在引导学生构建出一个等式后，老师准备把讲台上的天平连同托盘里的粉笔和铅笔一起收起来。骨碌一下，天平上的铅笔滚到了地上。老师的脸一下子红了，有些许尴尬。这时，一个机灵的小男孩赶紧离座，弯腰，捡起铅笔，仰着头默默地递给老师。脸还有些红的老师低着头，接过铅笔，放到讲台上，抬起头，继续讲课……

这个很小的细节，也就几秒钟的工夫，但它却在我的眼前不断地闪现。

哎呀，眼明手快的小男孩想老师所想，急老师所急，多可爱！他的举动也是纯真爱师情感的表达。如果老师在接过铅笔的同时，眼睛注视着小男孩，轻轻地说声"谢谢"，那多好啊！

想着地上的铅笔，想着脸有些红、低着头的老师，我忽地想起徐志摩的诗句"软泥上的青荇，油油的在水底招摇"，"最是那一低头的温柔，像一朵水莲花不胜凉风的娇羞"……哪怕老师不说"谢谢",只是心存感激地接住孩子的目光,那也是一幅很美的景致啊。

在人际交往中,学会感谢他人是非常重要的。即使人家替你做了一件微不足道的小事,也不应忘记说声"谢谢"。这种感谢,是对对方所做的事和对对方人格的看重,它与赞扬具有同样的心理功效。引起了世界性轰动的水结晶研究结果显示:看到"谢谢",水结晶呈现完整美丽的六角形,充满了喜悦,并形成像鲜花盛开的模样。水结晶的研究者日本学者江本胜说:"如果所有人都心怀爱与感谢,连法律的存在都会显得多余。"

我想,如果是在平时,如果是在和成人的交往中,这位老师是不会这样漠然的。

老师没说"谢谢",学生是不会计较的。

做老师的就是这样的幸福!下课了,衣服上沾了粉笔灰,孩子们会抢着给老师掸掉;口干了,孩子们会端上一杯热气腾腾的茶水;嗓子哑了,孩子们会悄悄地在讲台上放上一袋润喉片;钢笔没水了,孩子们会争先恐后地递上自己最喜爱的笔……

也许,正因为这些细小的事情几乎天天在我们身边发生,我们渐渐地习以为常了,熟视无睹了,心安理得了,以为不用说"谢谢",或者虽然嘴上礼貌地说着"谢谢",心里却不以为然。

2004年9月23日的《光明日报》上,一位高校教师的文章中有这样一段文字——

> 我曾经问过几个小学生:"在你的生活里你最感谢谁?"
>
> 他们茫然地瞪着眼,说:"也没谁啊!"
>
> "老师呢?"
>
> "老师最烦人了,整天留那么多作业!"
>
> "爸爸妈妈呢?"
>
> "那是他们应该的呀!"

这一代孩子，可以说是不知感恩的一代。

孩子们为什么会这样？这值得我们每一个大人深思，更值得我们每一个教育工作者扪心自问："我们自己做得如何？我们尽到教书育人的职责了吗？"

如果在学生并不期待感谢，或者认为并不值得感谢的时候，我们老师满怀感激地看着学生，轻轻地说一声"谢谢"，那么展示的一定不只是老师轻盈的感应力，感动的也一定不会只是那个小男孩——"你站在桥上看风景，看风景的人在楼上看你。明月装饰了你的窗子，你装饰了别人的梦"——整个世界都会感到其乐融融！

教具掉下来之后

　　一节公开课上，执教老师用双面胶将一个木制的教具贴在黑板上。当学生板演的时候，突然，斜上方的教具擦着孩子的肩掉了下来。老师有点慌乱。这时，教室里出奇的静。老师很快镇定下来，她将教具从地上捡起，然后使劲地往黑板上按。那教具被牢牢地粘住了，再也没有掉下来。那节课相当精彩地完成了。讨论交流的时候，好评如潮，可我的心头却似有所失。

　　是的，那个教具没有再掉下来，可教者似乎掉落了一件比教具更为重要的东西。

　　也许我要说："'工欲善其事，必先利其器。'制作那教具所选择的材料不对，木质的三合板比较重，教者缺少一种'教育预期'的视力。"

　　也许我要说："课前应该把黑板擦干净，最好用手帕拂去灰尘，这样双面胶就会粘得牢些，教者缺少了一种教育细心。"

　　但我最想说的是："课上教具掉下来之后，教者做的第一件事不应该是捡教具，而是应该去问一问孩子：有没有被吓着，有没有被划伤？教者缺失的是一颗师爱之心。"

　　细想：如果一位母亲突然看见自己的孩子把热水瓶碰翻了，那位母亲做的第一件事会是什么？去扶热水瓶吗？我想是不会的。她肯定会去问一问孩子有没有被烫伤。因为在母亲的心里，孩子是最重要的，其他任何东西都无法与之相比。因为她心存伟大的母爱。

　　唯心中有爱，你才会把所爱之物置于中心位置；唯心中有爱，你才会时时处处从其出发，为其着想。因此斯霞老师一直提倡母爱教育，视学生如己出。

　　具有知识和具有爱心，对学生来说，他们更喜欢后者。以心灵感受心灵，以感情赢得感情，这是我们教师从教的基本功。学校是心灵接触最微妙的地方，教师需要用心灵去工作。真正完善的教学，应不但能让学生感受到理性之美、科学之美、智慧之美，而且能让学生感受到人性之美、人伦之美、人道之美！

当学生投"师"所好……

在一节"圆的周长"课中，我们看到这样的镜头：教师让学生动手操作，去探索和发现"圆的周长总是它直径的 3 倍多一些"。在操作之后，有一个小组的代表汇报如下："我们小组将一个直径 2 厘米的圆在直尺上滚动一周，量得圆的周长是 6.28 厘米。我们算出圆周长与直径的比值是 3.14。"教师评价道："你们小组合作得真好！还有哪个小组来汇报？"

回味这一片段，有值得进一步探讨的问题吗？教师对学生的"正确数据"没有任何异议？也许是感觉到了学生操作活动的不真实，但采取了回避的态度；也许教师认为学生是心有灵犀"不"点通，没有追究的必要，于是笑纳了学生的"投其所好"。

一般地，学生的学习差错都是无心之错、无知之错，但我觉得上述教学片段中的却是有知之错、有意之错。它比无知之错、无心之错更具有危害性，因此也就更有教育价值。

试想，如果老师默认了这样的"投机取巧"，那么这一小组的同学和其他学生会怎么想？以后的他们会怎么做？"上有所好，下必甚焉。"这将形成怎样的课堂文化？

有朋友可能要发问了："那遭遇到这样的情形，我们将如何应对呢？"我也遇到过这样的事件，当时是这样做的——

在其他小组都汇报完了之后，我指着不断生成的汇总表，面向全班同学，质疑道："听了刚才这一组的汇报，你有什么想法吗?"没有学生回应。我说："我是十分佩服！佩服他们的眼力。"同学们不明就里，被我说得云里雾里。我注视着汇报"3.14"的那个小组，示意他们："请你们介绍一下是怎样从直尺上读出6.28厘米的?"（我把"8"的字音咬得特别重，并投影出直尺，手指着6.2~6.3的那一段）"我们……我们是……"始作俑者不好意思地道出原委。班上大部分同学先是羡慕，再是迷惑，接着是好奇，最后是醒悟："噢——!""'人造美女'尚可接受，'人造数据'断然不可！同学们知道吗，这个'3.14'可是我们的祖先经过漫长岁月的探究才得到的……"简要介绍了刘徽、祖冲之的割圆术后，我说："同学们，我们能这样来运用祖先的智慧吗?""3.14"的那个小组带头摇着头说："不能!"停顿片刻，我接着说："人生自古谁无错。同学们，今天这一特别有意义的片段是谁给我们带来的? 对，是他们组提醒了我们，不可以犯这样的错!"感谢的掌声自发地响了起来。

2005年底，媒体爆出了让世界震惊的韩国"第一号科学家"、"民族英雄"黄禹锡"论文造假事件"。他把2个至今未验证真伪的克隆胚胎干细胞，故意夸大成11个，把9个同一患者的体细胞说成是胚胎干细胞，企图通过基因分析。"量出了6.28厘米"与此事件是不是有着本质的相似? 不过，小学生毕竟天真，他们不过是为博得老师的一句表扬。

孩子永远是孩子，课堂是允许孩子们出错的地方，出错是他们的权利。应该反思的却是我们这些成人：在过去的教育教学生活中，我们是否还遭遇过学生的"投师所好"? 学生有意或无心的"投师所好"是由哪些因素造成的? 是由于学生的"不认真"? 除了唯书唯上的文化因素，除了学生缺乏尊重客观事实的态度、怀疑求真的意识，还有没有其他因素? 在过去的教育教学活动中，我们是否曾有意识地暗示或下意识地期望学生说出老师想要的回答? 我们为什么会有这样的暗示或期望? 我们是否在窄化和功利化课堂的追求? 我们要重视知识探究过程及方法的启迪，还要不要关注其中负载的情感态度价值观? 我们要做专业化的"经师"，又怎样做一个有责任感的"人师"呢?

教学有路 "曲" 为径

在教学了圆的周长、面积计算方法之后，一位老师安排了这样一节练习课：

（师出示一图如右，要求学生做与该图形周长和面积计算有关的 3 道题。下面是教学实录的几个片段。）

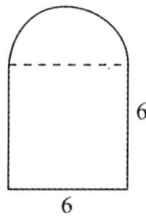

师：咱们一起来完成这些任务，好吗？你觉得需要老师帮助找条件，那我就帮助标在图上。然后，你们口头列式，我板书在黑板上。同学们负责计算出结果，第一个算出结果的悄悄地来告诉老师，全班算完后，我再把结果写在黑板上。看谁算得又对又快。

学生寻找有关数据、口头列式、埋头演算。

由于是与老师一起合作完成作业，所以学生们都很投入。3 道题 6 个结果先后都出来了。算得慢的同学很是着急。

师：同学们感到计算比较麻烦，是吗？这不怪你们，有圆周率 3.14 夹在里面，真不好算！

（终于，在课进行到 35 分钟的时候，全班都完成了，全对了。大家高兴啊！愉悦之情溢于言表。）

师：今天，老师跟大家一样地高兴！虽然这些题难算些，但全班同学都算对了，真棒！离下课还有 5 分钟，咱们干什么呢？出去玩？那违反学校规定。欢呼一下？那会影响邻班上课。咱们来说绕口令，好吗？

生 1：行！我也会。

师：那掌声有请生 1 表演！

生：（掌声过后）门上吊刀，刀倒吊着。

师：好，这绕口令说快了是很容易错。谁再来？

……

师：你们说的太短，我还会说长的呢！（在学生一阵热烈的掌声过后，教者表演）扁担长，板凳宽，扁担没有板凳宽，板凳没有扁担长，扁担要绑在板凳上，板凳不让扁担绑在板凳上，扁担非要绑在板凳上，板凳非不让扁担绑在板凳上。

（雷鸣般的掌声。很明显学生们感到出乎意料："我们的老师还有这一手？丝毫不比相声演员差！"）

生 2：杨老师，您背这绕口令用了多少时间？

师：将近 30 分钟！

生：太长了！

师：我已老了，记性不如你们。

（学生点头认可，仿佛他们已能将这绕口令倒背如流。）

师：（像小孩子还要露一手似的）我还会背 π 值呢。如果我要打磕巴，我就不当老师了！

生：（齐）行！行！

师：$1\pi = 3.14$，$2\pi = 6.28$，$3\pi = 9.42$，$4\pi = 12.56$，$5\pi = 15.70$，$6\pi = 18.84$，$7\pi = 21.98$，$8\pi = 25.12$，$9\pi = 28.26$。

生：（齐）太棒了！

生 3：杨老师，您背 π 值，用了多长时间？

师：大约 20 分钟。

生：噢，太长了。

师：行，那看你们谁先会背。会背的，来找我验收。

　　生：（齐）成！

　　这时下课铃响了。

　　教者回到办公室刚坐下来，就进来了 3 个男生。虽然不太熟练，但背了下来。他们还未出办公室，又来 2 位……十分钟时间来了 7 位，都会背了。就这样三个课间休息及课间操休息时都有学生来背。上午男生全部会背了。

　　下午第一节课前，教者碰见女生——

　　师：不是我重男轻女，你们可真不如男生，男生都会背了。
　　女生：我们也会了，就是不爱到您那儿显能去！

　　放晚学前，全班同学都将 π 值背了。

　　大家都知道"书山有路勤为径"，回味这一经典的教学片段，我想到一句话："教学有路'曲'为径"。

　　传统的背 π 值的教法很简单。介绍了圆周率之后，教者便迫不及待地布置学生：今天的家庭作业背记 1π—9π 的值。可第二天一检查，只有三分之一的学生能背，还不熟。教师又苦口婆心：背 π 值是多么多么重要，在计算时会多么多么简捷……你们怎么不识老师的好心呢？可是第三天一检查，情况还是不妙……教师逼迫下的学习，学生是被动的，学习是低效的。

　　在本教例中，教者没有说一句"多么重要""多么简捷""能又对又快"之类的话，可是，学生能背得那么起劲，争先恐后。这是为什么呢？还是那句老话："兴趣是最好的老师！"教者一步一步苦心经营：老师帮着完成作业，一起合作。在学生感到计算麻烦时，老师善解人意："这不怪你们，有圆周率 3.14 夹在里面，真不好算！"全班全对后，师生共同分享成功的愉悦（并且是艰苦努力后的成功），说绕口令以示庆贺。如此的学习岂不快哉！这正如苏霍姆林斯基所说的那样："从本质上讲，儿童个个都是天生的艺术家。"儿童本来就争强好胜，能与老师比试表演，那更是兴致百倍。因此，传统的背 π 值的可做可不做的口头"软作业"，就成了学生自觉自愿地掌握技能、展示才华的平台。

学完圆周长了，不要求背；学完圆面积了，还不要求背；等学生在练习中积淀了这"π"真烦人的情感之后，仍不要求背，最后通过绕口令的表演，让学生在练习全对的成功喜悦中生成"我要快快背掉 π 值"的意愿。难能可贵的是教者设计的有难度的习题老师给予帮扶，全班统一列式，这样就把练习正确的关键集中到了计算上。教者不是着意让学生经历失败，而是着力帮助学生由成功走向成功。

新数学课程标准中把"兴趣、情感、态度、价值观"摆在相当重要的位置。课程目标明确指出："数学思考、解决问题、情感与态度的发展离不开知识与技能的学习，同时，知识与技能的学习必须以有利于其他目标的实现为前提。"反思传统的背 π 值的教学，知识与技能的学习确实妨碍了其他目标的实现。

让学生计算图形的周长和面积，是教了圆的周长和面积计算方法之后很正常的教学活动。其中暗含机关，教者不言明，让学生去体悟。不露痕迹，不显山露水，正是教学的高明之处。同时，这也是摒弃传统"告诉式教学"，提倡新课改"体验式学习"所应追求的慢的教学艺术。

那"扁担板凳"之类，教者不下功夫能让学生佩服？不能让学生惊讶，何来背 π 值的亢奋？

老子说："大道甚夷，而民好径。"但愿我们的教师都能执著地探寻这通幽的"曲径"。

手指尖上的智慧

借班上课之前，师生共同做个游戏，以达到师生相互熟悉、融洽情感、默契配合的目的，这已为许多教师认同、仿效。细想起来，这些游戏不外乎集中注意力的、训练反应速度的、放松活跃课堂气氛的。但目前，笔者听了一节借班所上的二年级"有余数的除法"观摩课，大有别开生面之感。请看教者课前五分钟的处理。

师：小朋友，今天我们一起来做个简单而又有趣的数指头游戏，好不好？（教者伸出左手，从拇指开始依次数到小指）一、二、三、四、五，（再循环往复）六、七、八、九、十……一直数下去，会不会？

生：（齐答）会！

师：好，数数看。（师生齐数）

师：现在，你们报出一个数来，老师不用数，就能马上说出这个数是在哪个手指头上的，你们信不信？谁来试试？

生：18。

师：在中指上。（指中指）是不是？我们数数看。（师生齐数）

生：（齐呼）对的！

接着再由学生随意报出一个数，教师判断出这个数在哪个手指上，再让学生数手指验证。

最后，教者指出，小朋友，你们想知道老师为什么能很快就猜到这个数在哪个手指上的吗？学了这节课以后，你们就会知道其中的道理。

学生兴趣盎然。少顷，上课铃响了。

以笔者管见，这则课前游戏，独具匠心。

其一，将课前游戏与其后的课堂教学有机地结合了起来，一箭双雕。

这五分钟的师生双边活动，在很短时间内融洽了师生感情，缩短了师生之间的心理距离，创造了良好的心理氛围，使学生的全部精力都集中到课堂上来，为后续教学做了心理上的积极准备。数手指的游戏，实质上是计算有余数的除法问题。古人说："不愤不启，不悱不发。"这就在新课前创设了"愤"和"悱"的情境，为新课的教学预作了埋伏，促进了学生认知活动的积极性，使学生感到新的学习任务有诱惑力且饶有趣味。

巴班斯基最优化理论告诉我们，如果在完成一项任务的同时，还能尽量促进其他任务的完成，那么这一活动便是最佳的。由此观之，教者课前五分钟的处理是十分经济、十分艺术的。

其二，运用天然学具，富有情趣。

手指是天生的学具，人人都有，无须准备。数手指游戏乃"举手之劳"，学生感到新奇别致，乐学情绪便潜滋暗长。从这一角度来看，那位老师是深谙"化平常为神奇"之道的。

这则精彩的课前游戏，启示我们：数学本身，有无穷的美妙。这要靠我们去钻研，去挖掘。"至于运用之妙，那只好存乎其人了！但习惯于思考联想的人一定会走得深些远些；没有思考联想的人，虽然读破万卷书，依然看不到书外的问题。"（华罗庚语）愿我们都去做时时、处处探求教艺的有心人。

不平则鸣

笔者听过一节"加数或减数是接近整百、整千的数的速算法"计算课，其新课导入阶段别具匠心，令人赞叹。

课始，教者说："这儿有两组题，老师想请两个队来比赛。第一、二小组选四人为第一代表队；第三、四小组同样也选四人，为第二代表队。每队每人做一道题，前一位同学做完后一位同学接上……不管用哪种方法算都可以，看哪个队做得又对又快！"

同学们非常认真、慎重地选出了本队的四名代表。

教者出示下面两组题：

（一）	（二）
$238 + 195$	$238 + 200 - 5$
$474 + 899$	$474 + 900 - 1$
$738 - 497$	$738 - 500 + 3$
$1564 - 996$	$1564 - 1000 + 4$

比赛结果，做第二组题的代表队全对，做第一组题的代表队还有两人没轮着呢！

做第一组题的同学提意见了："第一组的题不能口算，第二组的题可以口算。我们不服输，咱们交换题目重赛。"

教者抓住时机说："可以，20 分钟以后再赛。不过，要想 20 分钟以后获胜，并不能只靠交换题目，而要研究一下第一组题到底能不能口算。我们先来看一下第一组题的加数或减数有什么特点，再分析它与第二组题有什么联系。"

学生摩拳擦掌，兴趣盎然，观察、比较、讨论第一组题中加数或减数的特点。教师在课题位置上板书"加数或减数是接近整百、整千的数"。

然后，教者揭示课题："今天这节课老师就来和同学们一起研究加数或减数是接近整百、整千的数的速算法。"板书上课题所缺的"的速算法"。

紧接着，师生围绕"第一组题与第二组题有什么联系"这个问题展开新课……

苏霍姆林斯基说过："学习兴趣是学习活动的动力。"学生对数学课感兴趣，才能全神贯注，努力学习，积极思维。没有兴趣的学习，对小学生来说无异是一种苦役，不能激发和培养出智慧和灵感。这一导入，以小朋友们喜欢的比赛形式，激发学生强烈的参与意识和求知欲望，使学生全部精力都集中到课堂上来，力争找到并掌握速算方法，以迎接 20 分钟后的复赛。

"不平则鸣"比赛题的设计，诱发学生思维产生"愤悱"状态，唤起了学生已有的"多位数加、减整百、整千数计算较为简便"的经验，再辅以引导学生认真观察算式中各数的特点，以及第一组题与第二组题之间的联系，这就为后续教学做了知识和心理上的积极准备。

笔者在数学课堂上也曾见到过不少"比赛"，但大都以"平等竞争"为准则，运用在课尾巩固练习阶段较多。这一"不公平的比赛"，别出心裁，独具匠心。课首，以"不公平的比赛"，激活学生的思维；课中，以"不公平"的赛题的分析展开教学；课尾，以"不公平"的赛题组织公平的复赛。

彩色粉笔的妙用

在复习平面图形面积时，教者出示这样一道题：求下图阴影部分的面积。

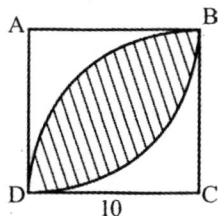

学生思考后，正一筹莫展的时候，老师是这样来帮助学生拓宽解题思路的：

师：（用红粉笔突出扇形 ABD）现在，谁会求阴影部分的面积？

生：$10×10-（10×10-3.14×10×10×1/4）×2$

师：能介绍一下，你是怎么想的吗？

生：阴影部分的面积等于正方形的面积减去两个空白部分的面积。一个空白部分面积等于正方形面积减去扇形 ABD 的面积，所以扇形的面积等于……

师：（再用红粉笔填上辅助线 BD）

现在，阴影部分的面积又可以怎么求呢？

生：$（3.14×10×10×1/4-10×10×1/2）×2$

师：你又是怎么考虑的呢？

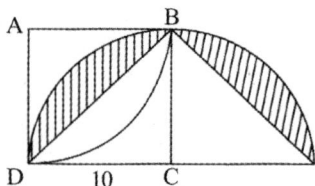

生：添上辅助线 BD 后，就把阴影部分平均分成了两份。一份的面积等于扇形 ABD 的面积减去三角形 ABD 的面积。因此阴影部分的面积……

师：（擦去辅助线 BD）一个扇形的面积比正方形大还是小？小了哪一部分？（用黄粉笔勾勒扇形 BDC）两个扇形的面积比正方形的面积大还是小？大了哪一部分？

生：两个扇形的面积比正方形的面积大了阴影部分的面积。

师：那么阴影部分的面积怎么求呢？

生：$3.14 \times 10 \times 10 \times 1/4 \times 2 - 10 \times 10$

（老师再用黄粉笔填上辅助线 BD，再用红粉笔将上图转变为下图。尚未发话，就有学生站了起来。）

生：阴影部分的面积等于半圆的面积减去大三角形的面积，也就是两个扇形面积减去正方形的面积。

……

上述教学过程受到了听课教师的普遍赞赏："妙！彩色粉笔给用活了。"老师借助颜色对比，充分利用了知觉的选择性，恰到好处地引导学生变换知觉的对象与背景。先是突出一个扇形，继而突出扇形中的三角形，使它们分别成为学生知觉的主要对象；然后又利用语言对观察的调节作用，使学生意识到阴影部分面积正好是两个扇形面积与正方形面积之差；最后又借助彩色粉笔直观地将图形进行了转化，使学生一眼就看出阴影部分面积的求法，很好地发展了学生的空间想象能力。

踢好临门一脚

在一次汇报观摩活动中，一位老师上了一节小学数学第八册的《射线与角》。

当学生已经知道了"射线"的含义，并自学了课本中有关"角"的内容之后，老师出示了一道讨论题，题目是：

分析下面各图形，判断哪些是角，哪些不是角。

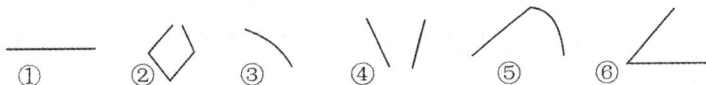

当学生看完题目之后，就开始七嘴八舌地讨论起来，老师也参与了进去。不出 20 秒，就已经有学生迫不及待地想发言了。老师假装没有看到，继续蜻蜓点水般地穿梭于学生之中。

在参与讨论期间，老师了解了大多数学生的看法：他们认为在这些图形之中，是"角"的就只有图①和图⑥。但也有一些学生的看法与大家不一致，情况多种多样。于是，老师就开始让学生自由发言，以下是学生们畅所欲言的片段实录：

生 1：我认为只有图①和图⑥才是角，因为只有这两个图才符合书中关于'角'的概念的叙述——从一点引出的两条射线所组成的图形叫作角。

生2：我的意见与他一样。

生3：我想除了图①和图⑥以外，图②也应该是角。

师：我也这么想。

生4：我不赞成，因为图②与书上所讲的'角'的概念不同，那它肯定就不是角。

生5：我认为图②也应该是角，它虽然与书上所讲'角'的概念不同，但书上所讲的关于'角'的概念是针对一个角而言，而图②有三个角，所以不能以此来说明图②不是角。

生6：我想除了图①和图⑥是角以外，图②和图④也应该是角。（这时有一部分学生发出喧哗声，学生6连忙继续说明自己的看法）图②不仅是角，而且它还有3个角，而图④它是一个由两条直线组成的图形，既然直线可以向两端无限延伸，那它们就会相交于一点，因此，我认为它也是角。

生7：学生6说得很好，但我想问，图④所表示的是同一平面上的两条直线呢，还是表示不在同一平面上的两条直线？如果表示的是后者，那它们就根本无法相交！

……

我在返回学校的路上，不停地思考——

注重过程，还要不要结果？

传统的数学教学只重结果，不论过程，世人已越来越清醒地认识到它的弊端。"重在过程"也早已成为大家构建新课堂的共识。

我们欣喜地看到课上学生用所学的知识就"图②是不是角"展开了激烈的辩论。但最后图②究竟是不是角呢？我们没看到结论。关于这一问题，老师在其后的说课中说："听了学生们的这些对话之后，我觉得结论是什么已经不重要了，而重要的是我看到了我的这些学生们个个充满信心的模样。"是的，"学生个个充满信心"，真是让人兴奋不已！这，也是一堂成功的数学课的表征之一。新的数学课程标准，就特别强调要增进学生学好数学的信心。但我们在欣喜之余，似乎不能置"图②究竟是不是角"这一问题于不顾。否则，拥有那样自信的人，无异于"摸象"的"盲人"、"自大"的"夜郎"！人们通常说"明辨是非"，"明辨"到最后，是无"是非"或是混淆了是非，试问：学生做何感想，积淀下何种体验？提出对话教育理论的著名的巴西教育家保罗·弗莱雷说："对话是人与人之间的接触，以世界为中介，旨在命名世界。"① 如果说学生在对话之后，还没有给图②命名，那么他们就被淹没在一个没有赋予意义的世界里，一头雾水。

　　是的，我们在大学生辩论赛上看到过"莫以成败论英雄"的辩论题，我们在人才招聘报道中也读到过那种"公说公有理，婆说婆有理"的测试题，但我们的教学不同于此。因为辩论题也好，测试题也罢，它们都躲开了真理性和常识性的简单是非，辩论题在一种方法论上展开，而招聘题在价值取向上显现。新理念下的学科课堂教学，不是不要知识，不是不要结果，而是要革除那种把学生当"容器"的灌输式教学方式，不要那冷冰冰的死知识，要的是由"学生的心血浸养的，联系着他的神经和血脉的"（钱锺书语）热乎乎的知识。

　　让我们一起重温一下新《数学课程标准》中的一段话："对数学学习的评价要关注学生学习的结果，更要关注他们学习的过程；要关注学生数学学习的水平，更要关注他们在数学活动中所表现出来的情感与态度，帮助学生认识自我，建立信心。"笔者以为执教老师很敏锐地抓住了这段话中的新精神，并有了可贵的教学实践，但忽略了这段话中的基准点。我国的中小学生拥有扎实的基础知识、基本技能，美英等国正在研究呢！我们在新理念下实施的数学教学不能由"只看结果、不论过程"的旧有轨道滑入另一个极端——欣慰过程、忘了结果，演绎出新版"邯郸学步"的闹剧。

---

① 《被压迫者教育学》，华东师范大学出版社 2001 年 11 月第一版，第 89 页。

教学，也是一门科学。科学精神和科学态度的要义之一便是"真"。失去了"真"，科学就会走上"伪"的歧路。新课程理念下的课堂教学更应该是"求真务实"，应形成知识点、技能项与"过程"融合统一的新局面。

"知识是启发智慧的手段，过程是结果的动态延伸。教学中能够把结果变成过程，才能把知识变成智慧。"袁振国先生在其专著《教育新理念》中的这段话可以更好地帮助我们思考过程与结果之间的关系。

课中讨论的问题，会有一个怎样的结果？

课中争论的焦点是"图②是不是角？"老师在学生 3 说出了"图②应该是角"之后，说了句"我也这么想"。听到这句话，笔者的第一反应是老师并不真的这样想，只是为了挑起学生的争论。在说课阶段，老师说，学生 6 说图④也是角，"这确实在我的意料之外"。那就是说，学生说图②是角，是在老师意料之中的。那么老师头脑中的判断是什么呢？不得而知。至此，我很是佩服上课老师在设计这道变式题上的创新思维。就我的印象，这类题一般变式是直线变曲线，一点变两点，还没见到过这样由 2 条线变成 4 条线的！

那图②究竟是不是角呢？细看图②，它是四条线段顺次首尾相接组成的图形。这样的图形叫折线，不是角。① "在同一平面上，由不在同一条直线上的几条线段，顺次首尾相接组成的图形叫作折线。"下图中的 ABCDE 和 PQRST 都是折线，PQRST 为封闭折线，也就是五边形。

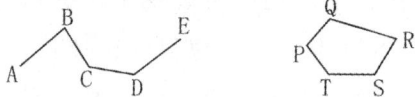

"从一点引出两条射线所组成的图形叫作角。"这是我们小学数学教材上的定义。它指出了角的质的规定性："一点""两条""射线"。我们可以说所

---

① 请参看《中国小学教学百科全书（数学卷）》，沈阳出版社 1993 年 6 月第 1 版，第 43 页。

有由线段组成的角都是折线，但是不可以说所有的折线都是角，只有两条线段组成的折线才是角。

学生袒露思维过程之后，教师该怎样引导？

数学课堂开放之后，教学过程不再是教师所能预设的，呈现出双边共时性、动态生成性的特点。学生各抒己见、畅所欲言之时和之后，教师做什么、怎样做，才能真正做到"以学论教"，构建过程与结果的动态平衡，过程与结果的融合统一、相得益彰，完成新课程目标下的教育教学任务，这是迫切需要研究的问题，也是我们教师要着意提高的能力。笔者以为，开放的课堂中，学生异口"异"声，各抒己见，教师是否善于倾听，是否善于发现学生问答中富有价值和意义的、充满童趣的世界，是否能很快地对学生的观点加以提炼和概括，是否能在学生困惑时积极评价、因势利导、切中肯綮，就成了教师能否组织好动态生成的课堂教学的重要条件。有时我们的评价大而不当、语焉不详，我们的引导苍白无力、不得要领，那大概是因为我们没有学会倾听，没能听出学生言语背后的声音。

语言的暧昧，源于认识的模糊。诚然，新数学课程标准在论说知识与技能、数学思考、解决问题和情感与态度四个方面目标的关系时说："知识与技能的学习必须以有利于其他目标的实现为前提"，但是，新课标中也说了，"数学思考、解决问题、情感与态度的发展离不开知识与技能的学习"。如果我们能够用上中国太极的功夫，乘着学生数学思考、解决问题、情感与态度的发展之势，顺势一带，完成学生知识与技能的习得，岂不是两全其美、一石三鸟？2002 年第 5 期《人民教育》上有一篇《新课程的课到底怎么上》的长篇报道，其中余慧娟老师指出，理想的教学状况是"学生在兴趣盎然中，通过一定的过程和方法，掌握了知识和技能"。如果在学生各抒己见、热火朝天的时候，我们只顾了"乐"，忘记了"引导者"的角色；如果在学生需要我们"教"的时候，我们不作为，我们以为不该作为，我们不想作为，我们不能作为，我们不会作为，那么，我们就失却了作为教师的价值！

"以学论教"，不仅仅是指以学生发展的状态来评价老师教得如何，它首要的含义是以学生发展的需要来确定老师教什么。在新的理念指导下，实施新的教学，我们就需要在具体的教育情境、丰富多彩的教学活动中创生新的教育经验，强化"临门一脚"的意识，练就"临门一脚"的过硬功夫，"以学论教"的教育智慧就会在这样的过程中逐渐生成。当然，"临门一脚"是由谁来踢？是老师还是学生？要根据当时的场景来定，但是，作为教师一定要有强烈的射门意识。

学生5说："图②也应该是角。书上所讲的关于'角'的概念是针对一个角而言，而图②有三个角，所以不能以此来说明图②不是角。"

这位学生的思维逻辑是"图②有三个角，所以图②就是角"。小学生是经常走上这种"有A＝是A"的思维路径的。例如判断"梯形有一组对边平行"这句话的对错，学生大都判"错"。

因此我设想，在总结评价阶段（在学生对话交流阶段，教师不宜评点，应延迟评价，让学生经历"头脑风暴"，彼此激活，充分展开），教者可看着学生5微笑着说，"你能抓住图②与图①和图⑥的不同来思考，这是很独到的！不过，你说图②有三个角，图②就是角，恐怕不妥……你有两条腿，你就是腿！"我以为，学生会露出会意的微笑，在微笑中是会明白其中的道理的。"现在我们来看图②为什么不是角？……对了，一个角只能有两条边。"

行文至此，忽然想到——像图②这样的判断题有价值吗？有！那，对初学角的概念的四年级的孩子来说适合吗？有必要吗？是不是有点钻进故纸堆的感觉？是不是有些茴香豆的"茴"有几种写法的味道？

我思故我在。

"我不能替别人思想，没有别人我也无法思想，别人也无法替我思想。"（保罗·弗莱雷语）感谢上课老师给了我思想的快乐，我也不必说以上对话是"井蛙之见"，因为我期待着新的对话。

潜藏着的错误

前不久，笔者听了一位青年教师的"除数是小数的除法"教改实验课。教者以现代的教育理论，先进的教学思想，崭新的设计视角，大胆地进行了教学改革，赢得了大家的一致好评。

比如，例题的教学处理，颇有见地。

猴妈妈买回 4.5 米花布，如果平均每只小猴做一套衣服需要花布 1.5 米，那么，这些花布可以做给几只小猴穿？

$$4.5 \div 1.5$$
$$= 45 \div 15$$
$$= 3（只）$$

答：这些花布可以做给 3 只小猴穿。

这样，改变了传统教材重计算法则的概括，而忽视应用意识的培养的做法。但是，在运用例题所示方法去解答课后思考题时，却遇到了教者始料未及的麻烦。题目如下：

一条钢管长 3.6 米，叔叔想把它锯成长 0.7 米的短管，最多可以锯多少段？余下的钢管长多少米？

如果仿照例题所示的方法，那么本题应列式为：

3.6÷0.7

=36÷7

＝5（段）……0.1（米）

而正确的余数应为 0.1 米。这大概就是教者将此题列为思考题的缘由：考查学生是否全面准确地理解了商不变的规律。商不变的规律字面表达着"变中有不变"——商不变，却暗含着"不变中又有变"——余数在变。

那么将解答过程写成

3.6÷0.7

=36÷7

＝5（段）……0.1（米）

对不对呢？答案还是否定的。因为根据等式的传递性 $3.6÷0.7=5$（段）……0.1（米）；但是 $36÷7\neq5$（段）……0.1（米）。

我们认为，这是教者犯了一个不易察觉的错误。

诚然，在一般小数除法计算中，是不可以采用"有余数除法"的形式来表示小数除法的计算结果的。因为有余数的除法是相对于被除数是整数，除数是自然数的除法而言的，并且规定了不完全商和余数也必须是整数，不能是小数、分数。如计算 3.6÷0.7，结果写成"5……0.1"是不妥当的。但是在解答应用题时确实存在着"有余数"的小数除法，例如前述的思考题。

为什么会产生有悖于等式传递性的逻辑推理错误呢？难道商不变规律还有不成立的时候？问题是出在余数的表达上。

大家知道，有余数的除法可表示为 $a÷b=q……r$，其中 a、b、q、r 均为非负整数，$b\neq0$，$0\leqslant r<b$。如果将有余数的除法表达式中的"……"改为"＋"的话，那么余数 r 应变为 $\frac{r}{b}$，即 $a÷b=q+\frac{r}{b}$。例如 $7÷2=3……1$，也就是 $7÷2=3+\frac{1}{2}$；$700÷200=3……100$，也就是 $700÷200=3+\frac{100}{200}=3+\frac{1}{2}$，$7÷2=3+\frac{1}{2}$。因此 $700÷200=7÷2=3+\frac{1}{2}$。

回过头来看前述思考题的算式，如果改成：

3. 6÷0. 7

$= 36÷7$

$= 5（段）+ \dfrac{1}{7}（段）$

则不违背等式的传递性。可是，这并不能回答思考题的问题："最大可以锯成多少段？余下的钢管长多少米？"因此，我们将目光移到教者改进的书写格式上。

传统教材在教学小数除法时是在竖式中体现运用商不变的规律；执教教师着意在横式中体现商不变规律的运用。竖式中所显示出来的"余数"，并非真正的余数，真正的余数可以结合原来的被除数的数位来确定，这并不困难。横式中的"余数"却左右为难，那样也没多大价值，于事无补，不解决问题。

由此看来，执教教师突出思想方法，强化应用意识，让学生自主概括计算法则的指导思想值得弘扬，但在书写格式上的改进要慎重。把除数是小数的除法转化为除数是整数的除法，这一过程可以想在头脑里，但绝对不能用连等的形式写出来。

活动：爱你没商量

　　新《数学课标》中说："数学教学是数学活动的教学。"活动是载体，它不仅负载着所要授受的知识和技能，而且负载着过程和方法，更负载着情感、态度和价值观。活动是学生喜欢的，我们的教育留存在孩子们头脑里的就是一个个鲜活的、浸润着他们情意的活动。

　　新课堂里充盈着丰富多彩的活动。从那丰富多彩的活动里，我们看到了新课程的新绿，看到了活泼可爱的儿童，看到了富有艺术创造力的教育专家，看到了旺盛的生命活力！

　　"活动"，新课堂爱你没商量！要商量的是——

为何活动?

　　我们的教育教学是有目的、有计划、有组织的活动。因此，我们在设计活动时首先要商量的就是：为什么要安排这个活动？

　　这可从教师和学生两个方面来认识。先从教学活动的组织者角度来说。请回忆《面积和面积单位》一课，让学生动手剪 1 平方分米的正方形，是很有创意的。但请问：让学生动手剪的目的是什么？就是为了剪出一个 1 平方分米的正方形，还是为了让学生头脑中的 1 平方分米的表象物化和外化，从而真切地感知 1 平方分米的大小和有效地反馈前一段学习的效果？如果是后者，那么就不会再安排"再剪一次"了。因为，有了那一次，对每一个学生来说就都是有价值的。有道是"酸甜苦辣都有营养，成功失败都是收获"！

再从活动主体的角度来看。活动的时候，如果学生不知道为什么活动，那么，在这样的活动中，学生只是"操作工"，不是"探究者"。学生也不是活动主体，而是活动的客体，是老师活动的客体。《面积和面积单位》一课中，老师让学生从学具袋中取出那张红色的正方形纸板，然后指示学生先用尺子量一量它的边长是多少分米，再用手摸一摸这个面的大小。请问：学生明白为什么要量正方形的边长吗？这一"量"的活动只是奉师命而为，学生是懵懂无知的，做这样的活动是盲目的。

何时活动？

我们要安排活动，肯定要考虑选择活动的时机。时机选择得得当，会一石三鸟，事半功倍；如果时机选择得不当，则事倍功半，课堂教学的有效性就会大打折扣，还会带来负面的作用。

真是"英雄所见略同"，我和我的同事们也曾研究过怎么更好地上《千米的认识》。当时，我们也是冲破一般教学时空的限制，课中，带领学生围绕学校四周的胡同跑了1千米，然后再回到教室让学生说感受。学生除了说1千米"远"之外，就是说跑1千米"累"。虽然我们让孩子们休息了一会儿，调整了一下，但想到学生还要气喘吁吁地回答老师的问题，我们真有些于心不忍。孩子们气喘吁吁的镜头让我们反思：我们应该让学生在课上用十几分钟来跑1千米吗？有没有更有价值的做法？

后来我们改变了做法，改为课前布置作业，让学生参与进来。"明天要学习《千米的认识》，放学以后，请同学们绕着学校四周的胡同走一圈，看看1千米究竟有多长？你还有其他的方法来说说1千米究竟有多长吗？"第二天，学生有说1千米的路走了多长时间的，也有说跑了多长时间的，还有说走了多少步的，还有说坐在爸爸的汽车里一分钟大约行驶了1千米，更有的学生说从天安门到中南海是1千米，从天安门到我们学校大约是2千米。

学生是聪明的。怎样来描述大数，他们会有各种各样的方法。

课前开展活动当然要比课上裕如得多，学生的感受也丰富得多。

活动是否越多越好？

活动有价值，爱"她"没商量，但是否是越多越好呢？我们还是要追求活动的含金量。活动应有适度的空间，应该有一定的挑战性。

《面积和面积单位》一课中，老师组织了"量边长——摸一摸——举例——闭眼想——比画——剪——比——评——再剪"等一系列活动，拾级而上，自有其合理性。我们的想法是这些活动能不能整合？如果我们一开始不是要求学生量正方形的边长，而是问："哪位同学能说说 1 平方分米到底有多大？"那么，学生有可能要去量边长，有可能用生活中的经验去解释，和生活中的什么什么一样大的，比生活中的什么什么小一点的，就是 1 平方分米。这样，学生去量边长就不仅是认识了 1 平方分米，而且培养了学生"数学地交流"的能力，更可贵的是让学生悟到我们可以运用旧知来认识新知的真谛。

先让学生"闭眼想——比画"的意图大概是为了帮助孩子建立 1 平方分米的表象，为其后的"剪"服务。不过，如果直接让学生剪呢？学生是不是就得自主地闭上眼睛或瞪大眼睛去寻找他印象中的 1 平方分米？

我问自己：我们安排的数学活动是否一定要帮学生铺好台阶？

活动后怎样评？

活动完了之后要不要评价？怎样评价？关于评价的重要性，大家已达成了共识。怎么评价，需要一起来研究。

《面积和面积单位》一课，在学生剪后让学生评评自己剪得怎样，是一个非常有价值的活动。但是我觉得在学生的惋惜声里，老师就不要再问"同学们，你们对自己剪出的作品满意吗"这样的问题了。第一遍看到这儿时，我就想到那著名的爱因斯坦的"小板凳"，虽然它丑陋，但浸透了孩子们的心血。我们应尊重学生在活动中形成的作品，我们更应尊重孩子们在活动中那各个不同的感受！

听听自己的课如何

记得那是师范刚毕业后的一次课上，两名学生突然争吵起来。原来，他们在统计我说"好"字的次数上发生了争执：一位画"正"字记了 38 个，另一位默数已到 41。

学生的争吵，引起了我的回忆。师范实习时，我课上常常不会说话，说了前一句，不知后一句说什么。因此，同一个实习小组的女同学教我："华应龙，当你课上不知道说什么话的时候，你可以用'好！好！'来连接，然后赶快想说什么话。"

学生的争吵，引起了我的深思。怎样才能提高自己的课堂教学质量呢？联想到苏霍姆林斯基课课有录音资料，我决定请录音机进课堂，听听自己的课，然后自己分析，请他人指教，来个教后琢磨，苦练课堂教学基本功。

通过多年来的实践，我深深地体会到了听自己课的妙处——

首先，它能帮助我们提高语言功夫。一堂课设计得再精美，组织得再严密，教学语言不当，也会事倍功半。人们对于自己的各种小缺点、小疏漏，往往习焉不察。当以旁观者的身份听自己的课堂教学录音，可以找到自己教学中存在的问题，可以克服时常出现的方言土语、语调平板、层次紊乱、讲述颠来倒去等问题，使学生愿听、想听、爱听，达到"言泉流于唇齿"的境界。

其次，它能帮助我们提高驾驭课堂的能力。刚迈上教坛，往往对一节课 40 分钟的分配把握不住，前紧后松、前松后紧的现象经常发生。通过听自己的课堂教学录音，对一节课的时间分配可在定性的基础上做出定量分析，三番五次以后便可找到问题的症结，对症下药，避免失误。长此下去，教育的积淀便会实现质的飞跃，爆发出教育的灵感和教育的机智。

再次，有利于教学经验的积累和教育研究习惯、能力的培养。听自己的课堂教学录音，是对讲课情况的"反刍""复盘"，是对自己教学工作的一种反省，一种自我监督。认真回顾一节课的得与失，及时发现教学中成功的地方和应纠正的问题，积累起来就可以为总结、分析、实验、研究提供第一手资料。几年来，我自认为有价值的教学录音剪辑已灌满了整整 12 盘磁带。

当我从一名乡村教师，成长为在全国有一定影响力的特级教师的时候，我总要由衷地感谢那台伴我多年的录音机。

"不识庐山真面目，只缘身在此山中。"

有这样一则故事：日本近代有两位一流的剑客，宫本和柳生。宫本是柳生的师傅。柳生拜师学艺时，问宫本："师傅，根据我的资质，要练多久才能成为一流的剑客？"宫本答道："最少要十年。"柳生说："假如我加倍苦练呢？"宫本答道："那就要二十年。"柳生一脸狐疑，又问："假如我晚上不睡觉，夜以继日地苦练呢？"宫本答道："那你根本不可能成为一流剑客。"

柳生非常吃惊，问："为什么？"宫本答道："要当一流剑客，就必须永远留只眼睛注视自己，不断反省自己。现在，你两只眼睛都死盯着剑客这招牌，哪里还有眼睛注视自己呢？"

柳生听了，惊出一身冷汗，顿然醒悟，依师傅所言而行，终成一代著名的剑客。

年轻的教师朋友，听听自己的课，留一只眼睛看自己，如何？

第五辑

评课心语

"最重要的教育原则是不要爱惜时间，要浪费时间。"这句话出自卢梭之口，由我们今天的耳朵听来，简直是谬论。然而，卢梭自有他的道理。

　　卢梭为其惊世骇俗之论辩护说："误用光阴比虚掷光阴损失更大，教育错了的儿童比未受教育的儿童离智慧更远。"

　　我相信卢梭说的这句话。

细节成就完美

2005 年 2 月 25 日上午 7 点 58 分，第一节课开始。李烈校长又像往常一样挤出时间，拿着听课笔记坐进了教室。三（9）班，赵伟老师，教学"两位数乘两位数"。作为一位刚教一个学期的新教师，他的课上得不错。作为教育家的校长怎样引领呢？李烈校长想以课来说课。于是，李烈校长在用第二节课接待三拨客人之后，借三（7）班学生，上了一节"两位数乘两位数"的"说课课"。为了原汁原味地和大家共享这节精彩的引领课，在整理过程中，我们就是"实录"。

一、基础练习：口算

看见校长来到自己班讲课，同学们自是兴奋不已。

师：你们面部表情告诉我，你们特别地高兴。我很感动，也很高兴。现在我想说的是咱们是一起学习、一起研究、一起讨论，可不是你们坐在那里听我讲。咱们实验二小学生的特点，绝对不只是带着耳朵、眼睛来的，咱们更重要的是带着脑子和嘴巴，所以今天咱们一起讨论，好不好？希望这节课下来之后，你所说的话要比我说的话多。如果你让我说的话多了，那你们可就太吃亏了，时间都让我给霸占了。每人都要争取有发言的机会好吗？

生：（劲头十足）好！

师：口算，大家应该没有问题吧，看谁反应快。咱们一起看这里（投影）。

生：$21 \times 3 = 63$，$21 \times 30 = 630$。

师：我把它们放在一起，看看它们之间有什么联系，算完以后要琢磨。

生：下面数是上面数的 10 倍。

师：好！继续。

生：$34 \times 2 = 68$，$34 \times 20 = 680$；$41 \times 5 = 205$，$41 \times 50 = 2050$；$15 \times 2 = 30$，$15 \times 10 = 300$。

（稍后有学生纠正，$15 \times 10 = 150$。）

师：啊——

（更多的学生醒悟过来了。）

师：这两个算式有前面的关系吗？

生：没有了。

师：（微笑着说）是不是受前面的题影响了？可要认真审题呀！（学生一下子笑了起来）请继续。

生：$27 \times 3 = 81$，$27 \times 20 = 540$，$36 \times 3 = 108$，$36 \times 30 = 1080$。

师：刚才我们说 15×2 和 15×10 没有上面的关系，那你看看，这两个算式和 15×12 有关系吗？发现了什么，小声地说说。

（学生四人小组讨论，头靠头，有序发言，轻声入耳。）

师：真是训练有素，同学们讨论得很热烈！

李校长简短的开头语，初听是客套话，再思有意蕴：拉近师生之间的心理距离，营造了平等对话的氛围，指导了学习方法。

口算基础训练，全员参与，是全面热身。学生不经意间掉进老师设置的陷阱，进一步集中了注意，唤醒了思维。后面的口算不再是"脱口而出"，多了几分"深沉"。美丽的错误，再次演绎了李校长提出的"课堂学习无差错原则"。

　　更妙的是，口算之后的"回马枪"，是为学习新知搭设的"脚手架"。但李校长组织学生讨论之后，并不让学生言明。画龙不点睛，是"虚晃一枪"？非也！"引而不发，跃如也。"否则，就是"脚手架"搭得太高，牵着学生沿着老师指定的路径走，就不会有创新的思维，不利于学生能力的培养。

二、研讨探究：算法

　　师：看看这个图（投影教材上的书架图），有哪些信息？还有哪些信息？谁能用自己的语言把这些信息组合在一起，提出一个问题？

　　生：每层可放书 14 本，共有 12 层，150 本书能放下吗？

　　师：他的问题是"能不能放得下"，可以吗？

　　生：可以！

　　师：你想怎样解答？

　　生：用估算的方法。（学生上台指着图片）把 14 看成 15，把 12 看成10，用 15 乘 10 等于 150。

　　师：大概估算了一下，方法可以吗？

　　生：可以。

　　师：他估算得很快！不过，这样估算只能说大概行，差不多行，可能行。我要问到底行不行呢？

　　生：不一定。

　　师：可能有点含糊，要想准确地回答行不行就要准确计算。那你想怎么算？

　　生：我会计算出 14×12，结果和 150 做比较。

　　师：要计算 12×14？出现问题了，两位数乘两位数，咱们还没有认认真真、正正经经地学过、研究过。这节课咱们就来研究这个问题。（板书课题）谁会做？

　　（很多同学举手："我会！"）

　　师：你不仅要会乘，还要把道理说清楚，会吗？有了一种方法，还有没有第二种方法、第三种方法？先独立思考。

（学生动脑思考，动笔演练，大约两分钟后——）

师：那就小组之间，互相当小老师，看能不能把对方说懂。开始交流。

（学生小组交流、讨论，教师巡视。）

我们的教学存在着这样的误区——老师不懂装懂，学生懂装不懂。这节课上，在大部分学生都说"会"的情况下，李校长并没有把学生拉回原点，而是提出了高要求："你不仅要会乘，还要把道理说清楚，会吗？有了一种方法，还有没有第二种方法、第三种方法？"这践行了她提出的"以学论教"的教学理念。

因为学生没有"正正经经地"学过，所以学生的计算方法可能不同，计算方法的数量也会不同，李校长提出用尽可能多的方法来解决问题，既体现了因材施教，让不同的学生得到不同的发展，体验成功解决数学问题的喜悦或失败的沮丧，又体现出追求算法多样化，培养学生思维能力的高度自觉。

学生之间的讨论、交流是建立在独立思考的基础上的，讨论、交流的质量必定提高。

学生大约交流、讨论五分钟后——

师：（轻轻地拍手，示意结束讨论）我发现咱们班的学习习惯特别好，这样大家可以节约很多的时间，学习效率一定高。哪个小组有了一种方法？

（大部分同学举手。）

师：有两种方法的？

（部分同学举手。）

师：有三种方法的举手。

（部分同学举手。）

师：四种？五种？六种？七种？十种？

生：差不多有十种。

师：我可没想到，我只想到了三种，后面的几种我要好好学学（环视一周）。哪个小组来说第一种方法？你们来。（坐到学生座位上，看着一组学生讲。）

生 11：（小组 4 人一起上讲台）我们的方法是，比如说 12×14……

生 12、13：（一生板书，一生解说）列竖式，二四得八，一四得四，一二得二，一一得一，再把两个数加起来，等于 168。

生 14：谁来给我们评价？

女生：我觉得你们这个有点不太清楚，我再给大家解释一遍。

师：我建议——你觉得哪个地方他们讲得还不够清楚，你就问他们哪个问题，让他们解释，考考他们。

（那位女生点点头："为什么把 48、120 这两个数加起来？"）

组员 1：因为它们分别用 4×12 和 1×12。

（好多学生齐声反对说："是 10×12。"）

组员 1：所以要把两个数的和加起来，才是它们的总和。

（那位女生："再问你一个问题，为什么把 2 写在十位上？"）

组员 2：因为是 10×2，所以把得到的 2 写在十位上。

（那位女生佩服又很满意地说了声"谢谢！"，坐下了。）

师：（鼓掌）我这个掌声是给谁鼓的？

（学生示意是给那位女生。）

师：我为什么给她鼓掌呢？她问了两个问题，问得特别有水平。下面的掌声给台上的同学们，发言很精彩。大家都明白了吗？

生：明白了。

在这一环节，我们可以感受到李校长在培养学生互动意识和交流能力方面的高超艺术。在那位女生要"我再给大家解释一遍"的时候，李校长介入进来："我建议——你觉得哪个地方讲得还不够清楚，你就问他们哪个问题，让他们解释，考考他们。"这样就把单向的言说，变成了多向的对话。并以此种方法突出了学习重点即对算理的理解，同时潜移默化且有效地培养着学生学习的方法、习惯与能力。

李校长真诚的鼓掌，既是对那位女生的奖赏，又是对提高学生提问能力的引导。

师：我想请哪位同学重复一遍。为什么将这两部分（用手示意 48、120）加起来？

生：两个数的和。

师：48 是怎么来的？

生：4 个 12。

师：120 是怎么来的？

生：10 个 12。

师：这个 1 在百位，这个 2 在十位，虽然写"12"，但它表示的是什么？

生：12 个"10"。

师：这里为什么空着？可以写 0 吗？

生：可以。

师：写 0 更清楚。可以不写 0 吗？

生：可以。

师：不写 0 很简洁。既然不写 0，不错又简洁，所以我们就不写 0 了。那哪里来的 4 个 12，10 个 12 又在哪里？

（一名学生上台指着竖式说："这里是 4×12，这里是 10×12。"）

师：好极了，我觉得很精彩！同学们觉得呢？

（生鼓掌。）

师：这算一种方法吧！（指着竖式中的横线）没拿尺子画得还比较直，要是用尺子就更直了，我希望大家画得更直！

李校长的课堂教学是扎实、朴实的，又是艺术的。李校长并没有像我们在好多示范课上看到的，关键的地方只要有一两个学生说出来，就大功告成了，赶紧进入预设的"即将精彩"的下一环节，而是面向全体，面向"弱势"群体，让学生再想一想，说一说。

"没拿尺子画得还比较直，要是用尺子就更直了，我希望大家画得更直！"这话说得多艺术！"没拿尺子画得还比较直"，是一种乐观的眼光，一种激励的表达。我们可以反过来想一想，如果说："没拿尺子画得不直吧，我建议大家用尺子。"这就是一种命令、要求而已。大家都知道，如果不用心，就是用尺子也画不直啊！"要是用尺子就更直了，我希望大家画得更直！"传达的是老师的殷殷期望，目标是画直竖式中的横线，做出美观的作业；用尺子只是一种方法、一种引导，徒手画直了也是允许的。

"教学是一种语言的艺术。"诚哉斯言！

师：第二种方法？你们组来吧。

生：（4人上台，其中一人问）老师，写两个可以吗？

师：（面向大家）你们说呢？

（好几位学生大声说："不可以，一个。"）

师：你们让他们写一个的目的是——把机会留给其他同学。

生21：咱们算式里有 ＋、－、×、÷，大家可能都用乘法做的，所以仅仅那么几种方法。如果 ＋、－、×、÷ 都用上，是不是算出来的方法就更多了！

师：等一等，我觉得他刚才的话说得真精彩！（鼓掌）

（生鼓掌。）

生21：我给大家介绍一种减法，$(20-8)\times(15-1)$，$20-8$ 等于 12，$15-1$ 等于 14。

[生22板书算式：$(20-8)\times(15-1)=12\times14$]

生21：就可以算出结果。

[下面有几位同学发出似有所悟的"哦——"声。可能是反应不强烈，也可能是自己觉得不妥了，该组组员们犹豫、争论之后，又将算式改成 $(20-8)\times(15-1)=12\times(15-1)$。]

生 24：（旁白）这是一种比较难的方法，过会儿再给同学们介绍一种比较简单的方法。

（生 21、生 22、生 23 还在商量、犹豫，小组内产生了分歧。组员 3 想把算式再接着写下去，可是生 21 不让。生 23 大声说："你干吗!"）

师："20-8"我明白，"15-1"我也明白，我现在不明白的是他们现在要干吗？

（同学们都笑了。）

师：他们告诉我们这个方法太难了。难我们不怕，光是难的问题吗？

生：不是。

师：他们小组已经有分歧了，有分歧是好事。咱们这道题本身就是 14×12，你为什么不直接抄过来呢？写（20—8）有什么用呢？

生 21：可以作为一种方法。

生：我觉得你们是为了算着简捷一点，而不是要凑一种方法。

师：这样又回到了 14×12，我还叫它多此一举呢。现在把这个算式放到上面：12×14 = （20-8）×14 会做吗？

（没有学生应答，都在思考。）

［生 21 写成 12×14 = （20-8）×14 = 12×14］

师：又回去了，问题解决了吗？

生：（齐）没有。

师：（台上小组还要争，老师示意面向大家）我有一点想法，把你们小组叫到前面来介绍你们的想法，你们意见都没有统一，争论上了，遇见这样的事你们先要统一意见。回去你们再商量商量，这个机会不能再给你们了。哪个小组说第二种方法？

传统的教学是"老师牵着学生走"，课堂是在老师的控制下有序地运行；而在新型的探究性学习课堂中，是"老师围着学生转"，课堂上发生的许多情景都是老师无法事先预料的，老师的主要工作就是选择适当的时机和方式"介入"。如果"介入"得过早或者"介入"的方式不对，就会打破学生已经形成的探究氛围；但如果"介入"得太迟，则容易使探究活动因无序而无效。

在提倡算法多样化的今天，我们常常会遭遇学生凑算法的事件。怎么处置？李校长在学生小组内达不成协议，开始争论的时候，接住话茬，适时"介入"："'20 - 8'我明白，'15 - 1'我也明白，我现在不明白的是他们现在要干吗？"学生大笑过后是思考：我们要解决的问题究竟是什么？并且在后一组学生汇报的时候，李校长巧妙照应："拆完之后干什么很重要！"彰显了新课程下教师的组织者、引导者角色，也是李校长提出的"勇敢地退，适时地进"的率先垂范。

生31：李校长在讲两位数乘两位数之前，先跟我们说了：我们算一位数乘两位数是算得比较准确的，所以呢，我们就把这个两位数乘两位数改成两位数乘一位数的算式。

师：他是要把两位数乘两位数改成两位数乘一位数。如果能改成两位数乘一位数，问题就解决了。因为两位数乘一位数咱们以前学过，好极了，他这个思路实际上是特别重要的、特别好的一种数学思想，叫什么？（板书：转化）咱们来看看他们是怎样转化的？

生32：用 $12 \times 4 + 12 \times 10$。

师：问题解决了吧！这个会吧？这是旧知识吧！$48 + 120$ 结果是 168。

生：老师他这种想法与竖式的方法一样，只不过用的是脱式罢了。

生33：我们用的方法比较好算一些。

生：感觉和竖式一模一样。

生34：因为它是把一个整数分成两部分。

师：明白了？（对应地指着竖式和横式的相应部分）这不就是4个12吗？这不就是10个12吗？然后这两部分一加。思路一样不一样？

生：一样。

师：什么不一样？

生：格式不一样。

师：格式不一样，表达的方式、形式不一样。很好，请回！

有人说：三流的教师教知识，二流的教师教方法，一流的教师教思想。
在这一环节，学生画龙李校长点睛，"转化"思想的揭示水到渠成。
第一、第二两种算法的沟通，帮助学生更好地理解了"两位数乘两位数"
的计算法则。

师：第三种方法，请坐在最后面的一组同学。

生 41：把 12 分成 2×6，14 分成 2×7，12×14 就等于 2×6×2×7
等于 4×42，最后等于 168。

师：可以吗？

生：可以。

师：其实他的思路挺启发我的，不知道能不能启发你们。他把 12 拆
成 2×6，14 拆成 2×7，拆完之后干什么很重要！两个 2 结合，等于 4。
4 乘 6 等于 24，再算 24×7，它就变成了一位数乘两位数。这是旧知识
呀！问题就解决了，思路挺好的。能不能比这个更简捷一点，能不能直
接拆成一位数乘两位数，拆成 4 个数麻烦点。

生 42：可以把 14 拆成两个 7，用 7×12 = 84……

师：（板书：12×14 = 12×7×7 = 84×7）这个方法对吗？

（学生在思考，小声讨论。）

师：从结果看就有问题，84×7 肯定不是正确答案。

生 42：应该用 12×7×2，两个 7，是乘 2，12×7 = 84，84×2
= 168。

（同学们点头认可。）

师：我明白了，刚才有的同学说方法甚至到 10 种，那就按着这种方
法，我们把它转化成一位数和两位数相乘，还有很多种方法。第三种方
法是把 14 拆了，还可以拆 12，但是正像一位同学说的，这个方法和那个
方法思路是一样的。我发现咱们班的水平真够高的！其实，你们现在用

到的知识是四年级才学的——乘法分配律（约有十个学生附和）；$12 \times 7 \times 2$ 这个是运用了——乘法结合律（也有约十个学生附和），真是了不起！这样的话，今天的两位数乘两位数的问题有没有解决？学新知识了吗？

生：学了。

师：解决的时候有新知识吗？哪一点是需要老师告诉你的，不告诉你就解决不了这个问题？

生：没有。

师：靠的是哪种思想？

生：转化思想。

师：两位数乘两位数转化成两位数乘一位数，转化的目的是什么？

生：好算。

师：不只是好算。同学们利用旧知识解决了今天的新问题，关于这方面同学们没有问题了吧！

生：没有。

师：多种方法计算这个题，你喜欢哪一种？

（大部分学生说喜欢第一种，有学生说喜欢第二种，也有学生说喜欢第三种。）

师：第一种和第二种思路是一样的，一个横式表达，一个竖式表达。可以竖式算，可以 $12 \times 14 = 12 \times 4 + 12 \times 10$ 这样算，也可以 $12 \times 14 = 12 \times 2 \times 7$ 这样算，但不能 $12 \times 7 \times 7$ 这样算。今天对于你们来说，竖式不是最新的，以前也见过，但今天见的层次多了。我想今天学习了两位数乘两位数在竖式这种表达方式上要重点掌握。

学生说出："把 12 分成 2×6，14 分成 2×7，12×14 就等于 $2 \times 6 \times 2 \times 7$ 等于 4×42，最后等于 168。"李校长则说："他的思路挺启发我的，不知道能不能启发你们。他把 12 拆成 2×6，14 拆成 2×7，拆完之后干什么很重要！"这样由表及里的引导，就把学生的思维引向深刻。

在肯定、鼓励之后，李校长指出"能不能比这个更简捷一点，能不能直接拆成一位数乘两位数"，这样由此及彼的引导，又把学生的思维引向了简约。

最后的总结，是在多角度发散之后的聚合，是一种攀爬，是一种提升。总结的不单是计算方法，还有探究过程。这都是新教师的课堂，或者说是新课程下不少课堂中缺少的。这也是"适时地进"的经典范例。

三、尝试练习：竖式

师：现在看看竖式，如果你写的话，这个0你打算写不写？

生：不写0，也不写+号。

师：有没有在哪些地方需要提醒大家的？

生：没有。

师：练习一道题，用竖式来表达，可以吗？

生：可以。

师：计算 25×24，看谁不仅对、快，而且写得漂亮！谁写得对、快、漂亮，就让他到前面给大家示范。

（生做题，师巡视，并选两位同学板演）

师：写完的同学互相查查，如果都对了，你们就说一说第二种方法、第三种方法？

师：（指着板演同学的竖式）默默地检查，有问题吗？

生：有，他们两个做的就是24和25换了个位置。

师：有关系吗？

生：没有。

师：他们书写得怎么样？

生：好！

师：刚才你们都互相检查了，有没有检查出什么问题？

生：没有。

师：这道题我会用竖式的方法计算，但是我可不用竖式呢！

生：脱式！

师：24×25 正好是个特殊的数，4×25＝100，2×25 是 20 个 25 等于 500，相加等于 600。像这种一分钟就能口算出来的，可直接用横式，但今天我们重点要掌握的是竖式，今天回家的作业重点落实在笔头上，用竖式表示好吗？

生：好！

师：今天我很高兴，感觉真好！这种感觉是你们给我的，所以我要特别谢谢你们，以后有机会咱们再在一起上课，好吗？

生：好！

师：下课。

这样的探究性学习课上留给学生做巩固性练习的时间不会多，但是李校长还是精心地组织学生练习。练一题就要达到这道题的最大效益，让我们感受到课堂练习的质量并不是取决于题目的数量。

24×25 的简便算法，大家都懂，应该是把 24 拆成 4×6，但李校长从学生的实际出发，从本课的教学内容出发，指出根据竖式计算的思路直接用横式也是可以的。这样先规范再开放，很好地保证了学生基本技能的初步形成。

华罗庚先生说过："教师之为教，不在全盘授予，而在相机引导。必令学生运其才智，勤其练习，领悟之源广开，纯熟之功弥深，乃为善教者也。"整节课，李校长改变了以往在计算题教学中单纯传授知识、偏重计算法则的现象，既教了知识，更发展了学生的思维能力，提升了学生数学素养。教学设计科学合理，层次清晰，环环相扣，让学生对同一个问题从不同的角度去思考、解答，变"教师讲授"为"研究交流"，正确处理了教与不教的关系，强调了学生的主体地位，发挥了学生的积极性和创造性。知识让学生去探究，问题让学生去发现，共性让学生去归纳。

新课程呼唤改变学生学习方式，学生学习方式的改变需要教师给学生最大的时空，就像校长课上对学生说的："你所说的话要比我说的多。"而学生学习方式改变的前提，则是教师深厚的内功。

从这节课上，我们享受着李校长精湛的、炉火纯青的教学艺术。李校长课上展现出的紧扣教学目标的功夫、驾驭课堂的功夫、倾听的功夫、判断决策的功夫、相机引导的功夫、评价的功夫等等都值得我们不懈追求。她深入课堂的务实定力、现身说法的无畏魄力、虚怀若谷的人格魅力更值得我们时时回味。

在课堂上，我们看到李校长面对学生提出的各种思路，不仅能游刃有余地轻松应对，而且还令人折服地将学生交流的内容，全部转化为了宝贵的教学资源。我们惊异地发现，原来我们最头疼的学生出的各种岔子，经过教师的引领，竟会成为课堂的亮点，如此灿烂的亮点！

课堂上的一个个细节，见理念、见价值、见功力、见精神、见境界、见文化、见魅力……是细节成就了完美，还是完美成就了细节？从李校长的课上，我们体悟出：完美细节乃同一，细节本是人格见。若求课上细节美，自当课下多修炼。

（实录整理：赵伟）

像苏格拉底那样"退"与"进"

——施银燕老师"中括号"一课赏析

著名的苏格拉底方法为很多教师所熟悉。下面的对话引自柏拉图的《美诺》，是苏格拉底方法的范例，是精心制作的一节课。

苏格拉底：请告诉我这是否是正方形？你能否理解？

奴隶：是。

苏格拉底：我们是否可以在这里加上一个相等的正方形？

奴隶：是。

苏格拉底：有了两个是否还可以加上第三个？

奴隶：是。

苏格拉底：最后在这个角上是否还可以再添上一个？

奴隶：是。

苏格拉底：这里是否共有四个正方形？

奴隶：是。

苏格拉底：现在整个图形是原来图形的多少倍？

奴隶：4倍。

苏格拉底：但你是否记得，它应该是某个图形的2倍？

奴隶：当然记得。

苏格拉底：从顶点到顶点联结这样一条直线，是否就将正方形分成两个相等部分？

……

苏格拉底：（问奴隶的主人美诺）亲爱的美诺，你是怎样想的，他是否表达了任何不是他自己的意见？

美诺：没有，全部是他自己的想法。

这正是苏格拉底所自称的，讲师只是助产士，他把我们自己的思想表达出来，而不是表达他自己的思想。让人非常兴奋的是，在我校"'课堂上，我们的退与进'专题研究月汇报课"上，施银燕老师的"中括号"一课完全是苏格拉底方法的现代演绎。

一句话就可以解决的"中括号"，有什么好讲的呢？正因其平常才更显神奇！

一、"前参"交流

师：首先，有请今天的精彩两分钟！

生：同学们，我们都知道，平时我们用的数字叫"阿拉伯数字"，是古代印度人发明的，后来传到阿拉伯，又从阿拉伯传到欧洲，欧洲人误以为是阿拉伯人发明的，就把它们叫作"阿拉伯数字"。

数学符号的发明和使用比数字晚，但是数量多得多。现在常用的有200多个，小学课本里就有十来个。它们都有一段有趣的经历，今天我给大家简单地介绍一下几个运算符号的来历。

加号曾经有好几种，现在通用"＋"号。

"＋"号是由拉丁文"et"（"和"的意思）演变而来的。16世纪，意大利科学家塔塔里亚用意大利文"più"（加的意思）的第一个字母表示加，草为"μ"最后都变成了"＋"号。

"－"号是从拉丁文"minus"（"减"的意思）演变来的，简写 m，再省略掉字母，就成了"－"了。

也有人说，卖酒的商人用"－"表示酒桶里的酒卖了多少。以后，当把新酒灌入大桶的时候，就在"－"上加一竖，意思是把原线条勾销，这样就成了个"＋"号。

乘号曾经用过十几种，现在通用两种。一个是"×"，最早是英国数学家奥屈特在 1631 年提出的；一个是"·"，是英国数学家赫锐奥特首创的。德国数学家莱布尼茨认为："×"号像拉丁字母"X"，故赞成用"·"号。到了 18 世纪，美国数学家欧德莱确定，把"×"作为乘号。他认为"×"是"＋"斜起来写，是另一种表示增加的符号。我就简要介绍到这儿，谢谢大家！

师：感谢这位同学带来的精彩！没想到，这么简单的数学符号，还都有一段不简单的身世！

很显然，这次的课前"精彩两分钟"是教者精心策划的。题材的选择和加工彰显了老师的良苦用心："没想到，这么简单的数学符号，还都有一段不简单的身世！"学生画龙老师点睛，师生合作其乐融融。既是精彩两分钟的总结，又是其后教学的铺垫。

二、活动探究

1. 游戏，感受中括号产生的必要

师：下面，我们就用这些数学符号，来做一个小游戏，好吗？请添上适当的数学符号，使下列等式成立。

18　2　3　6 = 18

生1：18 除以 2，再除以 3，然后乘 6。

生2：$18 \times 2 \div 3 + 6 = 18$

生3：$18 \times 2 - 3 \times 6 = 18$

生：（齐）Yes!

师：（故意地）咦，我怎么算不到 18 呢？18 乘 2 等于 36，36 减 3 得 33，33 乘 6，不等于 18 呀？

生1：不对，应该先算18乘2和3乘6，18乘2得36，3乘6得18，36减18就是18。

生2：加减乘除在一起，应该是先乘除，后加减。

师：原来如此！先乘除后加减是四则混合运算的一个法则。既然是法则，人人都要遵守，包括施老师。

苏格拉底就常这样以自己的"无知"唤醒学生的"已知"。

师：那么，什么时候可以像排队一样，从前往后依次计算呢？

生：如果算式中只有加号和减号，那么谁在前就先算谁；如果只有乘号和除号，也是谁在前就先算谁。

师：是啊，同一个级别的，都是平等的，那就排着队来。

生：我还有两种方法：$18 \div 2 + 3 + 6$，$18 \div (2 \times 3 \div 6)$。

（师生鼓掌。）

师：还是这四个数，18，2，3，6，能让得数等于33吗？

生1：18除以2等于9，9乘3等于27，27+6等于33。

生2：我可以用刚才的第三个式子变一变：$18 \times 2 - 3$的外面加上个括号，然后再……（很不好意思地）我看错了。

生3：$18 \times 2 + 3 - 6 = 33$。

师：（出示：$18 \div 2 \times 3 + 6 = 33$）如果我把得数变成81，那么这个等式肯定是错误的，你有什么办法让这个等式成立吗？

（片刻之后——）

生：在3+6的外面加上括号，就行了。

师：（指小括号）这是什么？有什么功能？添上括号，怎么算到81的？

生：18除以2得9，3加6得9，九九八十一。

师：是的，小括号是一个很特殊的数学符号，它可以改变运算顺序，它里面的必须先算。

"添上括号，怎么算到 81 的？"自然而然的苏格拉底式的发问，是复习，更是一种解决问题策略的引领："是的，小括号是一个很特殊的数学符号，它可以改变运算顺序，它里面的必须先算。"我尝试过，如果没有这样的一问，当有学生创造出"中括号"一类的符号后，相当一部分学生会不明就里；明白的学生，表述也大多磕磕绊绊。

　　师：（屏幕上的得数变成 1）你能让这个算式的得数等于 1 吗？
　　生 1：18 除以 2，再减去 3 加 6 的和。
　　生 2：你这么说是不对的，如果是减的话，那就等于 0 了。应该是 18 除 2，再除 3 加 6 的和。
　　生 3：我想给你纠正一下，读"除以"而不是"除"。
　　（生点头称是。）
　　师：这么变，倒是等于 1 了。但是，我们再看看要求：添上适当的数学符号，使等式成立。
　　师：是啊，不许改变，只许添加。

　　学生回答中的问题，老师指出得多么艺术！不是某个人的意志，而是题目的要求。规则意识就该这样一点点构建起来。这么一"逼"，好多学生一筹莫展。"行到水穷处，坐看云起时。""中括号"已经呼之欲出了。

　　生 1：18 除以 2 乘 3 加 6 的积，后面再加一个括号。
　　师：把你的想法写下来，好吗？
　　［生 1 在黑板上写下了：18÷（2×（3+6））］

　　多好的创造！学生"再创造"出来了。如果教师不退出来呢？如果知道"中括号"通常写法的学生抢了这个先呢？此乃天成，真是"文章本天成，妙手偶得之"。

生2：我觉得你写的不对！应该是：$18 \div [2 \times (3+6)]$

（边说边来到黑板前修改）

师：（指着"[ ]"问）这是什么符号？你为什么不像刚才那位同学那样，继续用"（ ）"，非要用这么一个新的符号？

生1：这是中括号，因为小括号外面还要加一个括号，就要用中括号了，如果再用小括号，就把原来的两个数给分开了。

生2：我认为不可以用小括号。因为，中括号的作用就是：首先要先算小括号里面的，再把中括号的数加、减、乘、除小括号里的，再用中括号外面的数加、减、乘、除它。

生3：小括号外面就得用中括号，中括号外面就要用大括号了。

师：同学们知道的知识还真不少！一开始，第一个同学在 $2 \times (3+6)$ 的外面又添加了一个小括号，他的想法是完全正确的。但是，好多同学都给他提意见了，大家认为，小括号外面如果还要加一个括号的话，为了和"（ ）"区别开来，得换一种形式了。这样就产生了"[ ]"——中括号。就像衬衣外面就不再穿衬衣了，得穿外套。这样可以表示得更有层次，更清楚。"[ ]"是代数的创始人——数学家魏治德首先发明并使用的。

咀嚼回味"（指着'[ ]'问）这是什么符号？你为什么不像刚才那位同学那样，继续用'（ ）'，非要用这么一个新的符号"，活脱脱苏格拉底弟子的形象浮现眼前。

学生1二合一的右括号，不正好说明了（ ）外加（ ）有道理，但读、写时却容易出错，容易引起各种误会。老师肯定他完全正确，应该！"衬衣"和"外套"的比方，新颖、有趣、贴切！教师进得好，好在时机；进得妙，妙在富于艺术性。

2. 讨论比较，掌握四则混合运算的顺序

师：这个又有（　），又有［　］的算式，（　）里的要先算，［　］里的也要先算，到底按照什么顺序计算呢？

生：先算小括号里面的，再算中括号里面的。

师：是的，别看小括号"小"，但因为它在里边，就数它最厉害了，最先算的还是（　）里的，然后才是［　］里的。说说，怎么算到1的？

生：先算小括号里的 $3+6$ 得9，再算中括号里的 2×9 得18，最后 $18\div18$ 就等于1。

师：刚才我们认识了［　］，知道了含有［　］的算式的运算顺序。说说下面三题的运算顺序，再算出得数。

$90\div10+5\times2$

$90\div(10+5)\times2$

$90\div[(10+5)\times2]$

师：（算第3题的时候，有几个反应快的学生举起了手，生A第三次自己站起来抢着发言，师示意其坐下）稍等一下，可以把机会让一让吗？你看，同学们都在举手呢！你也不是小括号，对吧？

"你看，同学们都在举手呢！你也不是小括号，对吧？"真是神来之笔！在当下的课堂上，常常可以看到少数"资优生"尽显风流。怎么办？不"进"，不该；"进"得不好，首先是必定打消"资优生"的积极性，再如果课上有如此能量的学生与老师对着干，那可不是闹着玩的。"你也不是小括号，对吧？"智慧的话语，醍醐灌顶！

（算完之后）

师：比较一下，这三道题有什么相同的地方，又有什么不同的地方？你有什么想法？

生1：相同的地方，就是三道算式的数都一样。不同的地方是第一个算

式没有括号，第二个算式有小括号，第三个算式既有小括号又有中括号。

生 2：相同的地方还有都用了除、加、乘。

生 3：三道题的得数也不一样。我还发现，括号越多，得数越小。

师：数都一样，运算符号也都一样，唯一的区别就是括号的不同。括号不同，实质就是什么不同？

生：（齐）运算顺序不同。

师：运算顺序不同，得数也完全不一样。看来运算顺序非常重要。刚才那位同学发现括号越多，得数就越小。挺有意思的一个想法，到底是不是这样呢？同学们可以课后去研究。

"千金难买回头看"。"比较一下，这三道题有什么相同的地方，又有什么不同的地方？你有什么想法？"老师引导学生做"聪明的解题者"。对于学生的发现，老师"进"了又"退"："刚才那位同学发现括号越多，得数就越小。挺有意思的一个想法，到底是不是这样呢？同学们可以课后去研究。"尊重了学生的创见，留有研究的空间。

3. 动笔计算，学会有理有据地表达

师：刚才的几道题尽管步骤不少，但数据很简单，所以我们可以直接算出得数。但是，更多的时候，我们可没那么幸运。如果数据比较复杂，要有条理、有根据地把计算的过程表达出来，我们通常用什么形式？

生：脱式计算。

师：好的，看这道题 $360÷[(12+6)×5]$，脱式计算，在课堂本上试着完成。

（师巡视，两分钟后，指名展示）

生 1：$360÷[(12+6)×5]$

$=12+6$

$=18×5$

$=360÷90$

= 4

生：（小声地）错了！怎么这样啊！第一步360到哪儿去了？

师：我觉得你的想法好像没错，我能明白你每一步要做什么，同学们明白吗？同学来评价。

生2：我知道，他是想先算小括号里的12+6=18，再算中括号里的18×5得90，最后用360÷90就得4了。

师：是呀，顺序没错，计算也很细心，只是表达起来有点小问题！谁能帮帮他？

生3：脱式计算应该是这么做的：没有计算的都要抄下来，先算的不要抄，把得数写下来就行了。

生4：我想问问你："="是什么符号？

生1：（疑惑不解地）等号！

生4：对了，等号表示的是相等！你这么做，一会儿等于18，一会儿等于90，一会儿又等于4，就不相等了。

师：就是这个道理！为了保证每一步都相等，先算的我们就写出得数，没算的就要原封不动地抄下来。

（生1在黑板上写出了正确的过程。师注意到生1写得特别工整，等号都用直尺画。）

师：对了吗？生1真会学习！另外，我特别喜欢他画的等号！一位数学家认为，用两条平行且完全相等的线段来表示相等，是最恰当不过的了。他写的完全是数学家心目中的等号！

（全班学生给予生1热烈的掌声。）

对于学生1显然的错误，老师竟然"我觉得你的想法好像没错"，看到了学生思维成果的合情成分、正确成分，难能可贵！当然，这种错误产生的原因是学生只知道"="是为了得出结果，而忽视了"="最根本的含义：表示相等。"我觉得你的想法好像没错"，不是老师"进"来简单地告诉，而是给学生们一个思考和表达的时空。正因为老师的尊重，所以学生1修改得特别工整，等号都用直尺画。又因为学生 1 等号都用直尺画，才给我们带来了老师充满智慧的评语，"他写的完全是数学家心目中的等号！""他写的完全是数学家心目中的等号！"这样的话语，不说不是错，说了更精彩！当然这样的话语，只有具备相当数学教学功力的人才能看到和说出。这是不可能事先预设的，只能是在事到临头的生成状态下考量教师的专业功底。游刃有余地解牛的庖丁，依附的是对牛的透析、精准的把握。我明白了为什么有的人模仿苏格拉底的方法只能"形似"不能"神似"的原因。

生 5：（实物投影展示：360÷［（12＋6）×5］＝360÷（18×5）＝360÷90＝4）我第一步把（ ）里的算完之后，就把［ ］改写成（ ）了。我有一个问题想问问大家：这里 18×5 的外面到底应该是保留［ ］还是改成（ ）？

生 6：我认为［ ］里已经没有（ ）了，就应该把［ ］改成（ ）。

生 7：我认为应该保留［ ］，因为（ ）里已经算完了，您刚才还说，没算的要照抄，［ ］也应该抄下来。

生 8：我不同意！（ ）外面才加［ ］呢。我认为（ ）里的算完以后，（ ）都没了，［ ］当然得改成（ ）。

师：多少个同学同意改成（ ）？（绝大多数同学举起了手）你们的意见是（ ）都没了，单独的［ ］看上去很不舒服，就像没穿衬衣就穿外套一样？（学生点头认可）还有一些同学坚持保留［ ］？（三四个同学举手）大家的意见不一致。这样，我们一起请教身边的老师——打开数学书，翻到 74 页。看看书上是怎么写的？

生：（或兴奋或沮丧地）保留中括号！

师：其实，两种做法都完全正确！不过，我个人更喜欢保留中括号的那种。理由恰恰是因为这个看上去不太舒服的［ ］，能够表达更多的信息：看到这个［ ］，我就知道，它的上一步刚刚完成了（ ）的运算，我还知道，下一步就要算［ ］里的了。而且，这么写，不需要作任何的改变，所以也就不容易出错。我这么说，大家同意吗？

　　生：同意！

　　师：同意，我们就这么做！

　　老师的"退"是为了更有效地"进"。脱式的书写，老师不讲，放手给学生尝试，"进"来之后，也是充分尊重，没有生硬地"强加于人"，而是言之有理。记得在音乐里，4、7两个音因为不够稳定与和谐，所以往往不会作为结束音。但是在乐曲进程中，由于4、7两音的加入，反而能带来旋律的变化，使乐曲更丰富多样。从"不够舒服"走向"舒服"的脱式过程是否与其有异曲同工之妙？

4. 去掉多余括号，进一步理解中括号的作用

　　师：淘气特别喜欢刚刚学习的中括号，他在自己列的所有的算式里都加上了小括号、中括号。请你好好观察，看看下列运算中，哪些括号是可以去掉不要的？

$$[（36+24）÷15]-18$$
$$24×[19-（2×6）]$$
$$320÷[5×（26-18）]$$
$$15×[4×（12+22）]$$

（学生小组讨论后，全班交流）

　　师：该出手时才出手，简洁是数学永远追求的目标。

　　课首，添加括号；课尾，去掉不必要的括号。中括号的作用在一加一减的对比练习中得到了很好的突出。给我的体验是：数学从某个角度说就是符号的乐园。

三、总结延伸

　　师：我再问大家一个问题：为什么要有〔　〕?

　　生：因为（　）外面还要先算的部分，就要加〔　〕。

　　师：那么，有了〔　〕以后，是不是所有的问题都解决了？

　　生：还要有大括号！

　　师：那么加了大括号之后呢？其实，无休止地加括号没有意义。我们一般用到｛　｝就够了。计算机要做的运算常常非常复杂，而用计算机编写程序计算的时候，只用一种（　），一层一层地往上套，是不是很有意思？有兴趣的同学课后可以去查找相关的资料。

　　由中括号自然地拓展到大括号，再意外地回复到小括号，真是课已终，而意无穷。我想有兴趣的同学一定不会少！

拥有彻底的理性才想对话

　　苏格拉底方法究其实质就是教育者和受教育者之间的对话。而苏格拉底的对话，不是要使有知者带动无知者，而是双方在对话中共同寻求对世界和自我的认识。听了施银燕老师的"中括号"这节课，我们确确实实地感受到：她和学生不是在教和学"中括号"，而是借助"中括号"这一平台在构建对世界和自我的认知。

　　雅斯贝尔斯认为，苏格拉底方法包括"反讽"（刺激学生感到离真理甚远）、催产术（通过问答逐渐使真理明显）。他在《什么是教育》中，把反讽划分为三个阶段。首先，苏格拉底在对话中使用反讽，是使一切蒙昧均清晰陈列于目睫之前，反讽使苏格拉底获得透明性。于是，他可以使人遁入绝途而终于醒悟，或攻击别人明显的错误言论以求其自省。第二阶段是苏格拉底所采取的反讽的基本立场，即让人对自己的无知（而自以为知之甚多）有所认识。在第三阶段，柏拉图制造出一种动摇别人根本信念的整体氛围，在这种氛围中，反讽所表示出的一切现成事物都成为模棱两可的，也只有在这两个极点之间，在纯然反讽的氛围中，存在的质（核心）才会出场。

在施银燕老师和学生一起探索发掘真知，而非传递真知的"中括号"的这节课中，看到了这三个阶段。

"这么变，倒是等于 1 了。但是，我们再看看要求……是啊，不许改变，只许添加。"这就将学生带到了"山重水复"的境地，使学生遁入绝途而终于醒悟。此为第一阶段。

课前我们做过调查，近 30% 的学生知道"中括号"，这些学生自豪地认为自己知之甚多。这节课下来，我想他们感受到的是学无止境，是不会再"自以为知之甚多"了。让学生对自己的无知有所认识，就是教学的成功，我们的教学就该追求"无知"。这是第二阶段。

课中对学生创造的起到中括号作用的半个小括号的肯定，课尾由中括号自然地拓展到大括号，再意外地回归到小括号，揭示的是"一切现成事物都成为模棱两可的"第三阶段。在这纯然反讽的氛围中，存在的质（核心）出场了：解决问题策略的彰显和创造精神的弘扬。

葆有丰厚的学识才会对话

乏味的内容为什么能够上得兴味盎然？计算教学，不是不需要智慧，而是需要大智慧！在研究过程中，施银燕老师告诉我——

新课程特别强调数学与生活的联系，可这方面做得特别好的北师大版教材在编这部分内容时，却没有任何生活，而是有些生硬地引入："我在数学报上看到这样一道题：$360 ÷ [(12 + 6) × 5]$"，这又是为什么呢？我猜想是编写者认为就解决实际问题而言，$[\ ]$ 并非是必不可少的。完全可以分步列式，因为分步与综合也只是表达形式上的区别，没有高下之分。是不是体现了"淡化形式注重实质"的宗旨？不得而知。

但是，这样的教学会不会让学生误认为只有数学书、数学考试中才会需要中括号的知识？我还是想在生活中寻找。我可不可以引入中括号，出现算式90÷［（10＋5）×2］以后，立即插入几个问题情境，让学生甄别选择看看哪个问题是可以用刚才那个由中括号的算式解决的？我设想当学生逐一解释之后，让学生想一想，计算时还需要考虑刚才的具体情境吗？不管原来的情境如何丰富多样，一旦建立了算式这一模型之后，就可以暂时脱离具体情境。这不正好可以渗透数学建模的思想吗？记得当时，挺为自己叫好的。然而，试讲时效果却很不好。首先，学生感知问题就花了不少时间，然后还为了一个围长方形的情境问题争论不休，三个条件这么简单哪用得着中括号呀？最后学生似懂非懂地认可了三个问题都可以用这同一个算式来解决，但是既无趣也无意义。再一想，那所谓的生活也是杜撰的"伪生活"，于是，我忍痛割爱。似乎又回到了起点，对教材的认识却更深刻了。

随后，我开始留意有关的数学史料，当我阅读了包括中括号在内的一个个数学符号从出生，到被部分人频繁使用被另一部分人排斥，直到最后被普遍认可的曲折艰难漫长的历史后，那些原本在我眼里单调枯燥的数学符号顿时拥有了鲜活的生命！我开始喜欢上了它们。态度的大转变立刻带来了许多新奇的联想：四则混合运算的顺序规则像极了我们的交通规则："先乘除后加减，同级运算从左往右依次进行"相当于"绿灯行红灯停"，（ ）、［ ］不就相当于需要优先的急救车、消防车吗？圆滑的（ ），有型有款的［ ］不正对应着人们柔软的衬衣和挺括的西服吗？……这些未必合适的想法，使我对中括号这一教学内容越发地充满感情。

……

大家都知道，数学的发展是由两股力量推动的，一是解决生活中的问题，一是纯数学的研究。数学家庞加莱说过，纯数学是人类精神的产物。数学，从某个角度来说是数学爱好者的自娱自乐。那我们的数学教学呢？看到在施银燕老师的课堂上孩子们专注投入，其乐融融，我想：如果我们的数学教学也是一种自娱自乐，应该是一种境界，达到把教学内容当作礼品或者说是玩具来与孩子们分享的境界。我们数学教学的内容也应该由两部分组成，为什么一定要那么功利呢？

艺痴者技必良

只有数学素养丰厚的老师，才能上出真正的数学课；只有对数学痴迷的老师，才会带出痴迷数学的学生。

回味苏格拉底方法的经典范例，在施银燕老师的课上，我们更看到了"教"的相对弱化，"学"的绝对凸显。课上所教的东西都是在上课的过程中互动生成的，教师本质上是一个优秀的"助产士"。

风　景

回味施银燕老师的"鸡兔同笼"，我不禁联想起她的老乡、中国现代著名诗人、翻译家卞之琳先生的《断章》：

你站在桥上看风景，
看风景的人在楼上看你。
明月装饰了你的窗子，
你装饰了别人的梦。

施老师是个看风景的人，也是创造风景的人；她的课，圆了我们新课程、新课堂的梦，也圆了她自己的梦……

可能我们要追问：施老师为什么能看到这美妙的风景？

这让我很想和大家分享一个故事——

有一位昆虫学家和他的商人朋友一起在公园里散步、聊天。忽然，他停住了脚步，好像听到了什么。

"怎么啦？"商人问他。

昆虫学家惊喜地叫了起来："听到了吗？一只蟋蟀的鸣叫，而且绝对是一只上品的大蟋蟀。"

商人朋友很费劲地侧着耳朵听了好久，无可奈何地回答："我什么也没听到！"

"你等着。"昆虫学家一边说，一边向附近的草丛小跑过去。

不久，他便找到了一只大个头的蟋蟀，回来告诉他的朋友："看见没有？一只白牙紫金大翅蟋蟀，这可是一只大将级的蟋蟀！怎么样，我没有听错吧？"

"是的，您没有听错。"商人莫名其妙地问昆虫学家，"您不仅听出了蟋蟀的鸣叫，而且听出了蟋蟀的品种——可您是怎么听出来的呢？"

昆虫学家回答："个头大的蟋蟀叫声缓慢，有时几个小时就叫两三声。小蟋蟀叫声频率快，叫得也勤。不同的蟋蟀叫声各不相同。所有的鸣叫声只有极其细微，甚至用言语难以形容的差别，你必须用心才能分辨出来。"

他们一边说，一边离开了公园，走在马路边热闹的人行道上。忽然，商人也停住了脚步，弯腰拾起了一枚掉在地上的硬币。而昆虫学家依然大踏步地向前走着，丝毫没有听见硬币的落地之声。

这个故事告诉我们：心在哪里，智慧就在哪里。施老师的心在学生那里，因此她能听得到学生思维的声音。

课的开始，学生不清楚是"除以4还是除以2"，施老师为什么说："我们暂时先抛开这个问题，学一种新的方法，好吗？"因为施老师的心在学生那里，她清楚那时的学生迷路在哪里。

在学生都清楚了尝试中的规律后，施老师趁热打铁——

师：我甚至还可以从12只鸡0只兔开始试，就是24条腿，比30条腿少了6条，是3个2，所以兔就从0只变成了3只。

生1：这其实就是假设法！

生2：我明白刚才那道题应该除以2，不是除以4！因为把鸡换成兔，每次都会增加2条腿！

师：通过尝试，我们自己也能创造出假设法！（指着课始时板书的算式）现在想想，是除以4呢还是除以2？

……

教师画龙，学生点睛，多么美妙！

为什么能如此这般美妙？因为施老师的心在学生那里，她明白此时的学生已经在那里等着。

行文至此，我们不妨再思考："鸡兔同笼"为什么能流传久远？假设法究竟好在哪里？

从施老师的课上，我们不难看出：假设法"不走寻常路"，把问题推到极端，问题的实质就水落石出，从而把复杂的问题变得简单。

借助尝试的表格，让小学生很好地体味出以前学习过的假设法的妙处来，一石二鸟，何乐而不为？

欣赏、回味施老师的华美"转身"，我不禁想起白居易的诗句："回眸一笑百媚生，六宫粉黛无颜色……"

同行朋友可能要问："技盖至此乎？"我想这与施老师经过深思熟虑制定出的教学目标有关：①通过对"鸡兔同笼"问题的探索，经历尝试、失败、分析、调整、发现等过程，学会有条理有根据地思考，对"尝试"这一方法有所了解和体验，借助尝试能解决一些新问题。②了解一些数学史，受到古老数学文化的熏陶；培养不轻易放弃、善于从失败中学习等良好的品质。

好课：要舍得"浪费"时间

听完施老师的"鸡兔同笼"，有老师认为"这是磨洋工""浪费时间，没有多大价值"。

我不认同。

我们习惯性地认为，技巧性强的方法才是好方法，教学就是要"多、快、好、省"地把好的方法教给学生。

我们不否认"假设法"的巧妙和价值，我们也清楚地知道"鸡兔同笼"为什么能够流传至今、名扬海外。

但从高等数学学习，从研究和生活实际来看，"尝试法"大有用武之地，正像老子说的"大智若愚，大巧若拙"。

傻瓜也会的"尝试法"，是不能"快教"、不能"精教"的，得让学生像"傻瓜"一样慢慢地尝试，慢慢地感悟。"蝴蝶破茧"的道理大家都懂，性急的好心人用剪刀去帮忙，结果会是怎样？

酸甜苦辣都有营养，成功失败都是收获。不妨回顾课尾一段——

师：对尝试这一方法，现在你怎么看？

生1：我认为，并不是任何问题，都有现成的方法能解决，许多时候需要我们去尝试。

师：同意！面对新问题，尝试法更有用武之地。

生2：学数学，只有不停地去尝试，你才能取得成功！生活中也是这样!

生3：遇上一个问题，无从下手的时候，不见得非要想一个高明的方法，用这种有点原始的尝试法，一点点地去试，也能找到答案！

生4：以前我觉得"鸡兔同笼"这个问题很难，用假设法步骤很多，我老要忘掉。但用尝试法，我觉得就很简单！

生5：尝试不是傻试，也要动脑子分析，思考得越多，排除的就越多！

师：是啊，尝试的学问还真不少！尝试，首先需要像第一个吃螃蟹的人那样，勇敢地去试；尝试过程必然伴随着失败，面对失败，不仅需要像爱迪生试灯丝时的那份坚持，更需要对尝试的结果进行不断的分析、调整，才能更快地成功！

"尝试"有没有学问？"尝试法"的教学有没有价值？我们的学生是否碰到一个新问题，往往束手无策，不敢尝试，不敢下笔？当我们能够坦然面对失败，学会"从错误中学习"后，是否就会别有洞天、风光旖旎？我想这就是这节课师生都不愿意下课的魅力所在。

试一试容易，深入下去难。过程做好了，结果就不会差。

"最重要的教育原则是不要爱惜时间，要浪费时间。"这句话出自卢梭之口，由我们今天的耳朵听来，简直是谬论。然而，卢梭自有他的道理。

卢梭为其惊世骇俗之论辩护说："误用光阴比虚掷光阴损失更大，教育错了的儿童比未受教育的儿童离智慧更远。"

我相信卢梭说的这句话。

在希腊文中，"学校"一词的意思就是闲暇。在希腊人看来，学生必须有充裕的时间用于体验和沉思，才能自由地发展其心智能力。正因为如此，当下，不少有识之士纷纷喊出了"教育是慢的艺术"的口号。

可能我们还是要追问：孩子为什么要来上学？我们的教育是培养聪明的孩子还是培养智慧的学生？这两者有什么实质性的差异？

美国学者贾尼丝·萨博把培养"聪明的孩子"还是培养"智慧的学生"

的两种教育概括为——

聪明的孩子	智慧的学生
1. 能够知道答案	1. 能够提出问题
2. 带着兴趣去听	2. 表达有力的观点
3. 能理解别人的意思	3. 能概括抽象的东西
4. 能抓住要领	4. 能演绎推理（笔者以为应是"能归纳推理"）
5. 完成作业	5. 寻找课题
6. 乐于接受	6. 长于出击
7. 吸收知识	7. 运用知识
8. 善于操作	8. 善于发明
9. 长于记忆	9. 长于猜想
10. 喜欢自己学习	10. 善于反思、反省

由是观照施银燕老师的"鸡兔同笼"，这节课的教学价值我就不用多说了。

有朋友要说："要浪费时间？那还不容易！"

其实不然。

如果说教育即生长，那么，教育的使命就应该是为生长提供最好的环境。什么是最好的环境？第一是自由的时间，第二是好的老师。

让学生充分"自主、探究、合作"，就更需要教师具有苏格拉底式的反问功夫，来催生学生的智慧。

师：刚才小组交流的时候，我看到这样一幅作品：

鸡（只数）	兔（只数）	腿（条数）
6	6	36
5	7	38
8	4	40

那个小组没推荐它。

（生小声议论："没做完呢！""太乱了，没顺序！""算错了！"）

师：是的，试了几次，还没找到结果。可以说，这几次尝试都失败了。那么，这几次失败的尝试是不是毫无意义，和没试一样？

接着的讨论交流，凸显了这节课的数学精神和人文意义：不单单是会尝试，更重要的是敢尝试。尝试，就一定会有失败。怎么看待失败？经过这样的反问，孩子们很好地体味到了"尝试没有失败，除非你不再尝试"的真谛。

在课堂中，教师当"勇敢地退，适时地进"。让学生"磨洋工"之后，更需要彰显教师提炼、概括的功夫，促进更多的学生更好地发展。请看课中施老师的一段总结——

师：（师板书：分析、调整）从刚才几个同学的发言中我听到了这两个词（指板书），你们的尝试不是没有根据的，而是通过对问题进行分析后再做调整，才能使尝试的过程变得简便。6 只鸡 6 只兔，是 36 条腿，有的人只看到 $36 \neq 30$，这是一次失败的尝试；而咱们好多同学还能从中分析得到更多的信息：36 不仅不等于 30，腿多了，说明（生：兔子多了），兔子多了，当然要减少兔子增加鸡，所以我只会往鸡增加这一个方向再去尝试，大大缩小了尝试的范围。通过思考分析之后做出调整，就能更快地成功！

也有反过来的，教师"画龙"，学生"点睛"。

师：大家的方法各不相同。但这些不同的方法中，却有着相同的地方！

生：都是对问题，对尝试的结果进行分析，然后再做调整的。

师：真善于总结！

在这样的课堂上，我们看不到老师急切地想把结论奉献给学生的浮躁，看不到大部分学生似懂非懂的照搬，看不到后进生不知所措的茫然，看到的是"采菊东篱下，悠然见南山。山气日夕佳，飞鸟相与还。此中有真意，欲辨已忘言"的美妙……

"鸡兔同笼"的教学如此，其他课的教学呢？

好课，不在小技巧，而在大情怀。

听完施老师的"鸡兔同笼"，我的突出感受就是——好课：要舍得"浪费"时间；在"浪费"时间的基础上，教师点石成金，让时间不再浪费。

有无相生：课之佳境

欣赏完韩东老师的"折线统计图"，我的脑子里一下子冒出了老子的话语："有无相生""众妙之门"。再三回味，还是觉得：一节好课妙就妙在这四个字——"有无相生"。

《老子》中专门讨论"有""无"问题的有多处，"有""无"的含义又极为丰富。"无，名天地之始；有，名万物之母。故常无，欲以观其妙；常有，欲以观其徼。此两者，同出而异名，同谓之玄。玄之又玄，众妙之门。""无"是天地的原始，"有"是万物万有的来源。人们要想体认大道有无之际，必须要修行到常无的境界，才能观察到有生于无的妙用。冯友兰先生说："《老子》所说的'道'，是'有'与'无'的统一。""道"既是"无"又是"有"。用"无"来称呼"道"，是因为它不是被别的东西生出来的，是本来就有的，是初始的；用"有"来称呼"道"，是因为它具有生出天地万物的能力，可以把"有"解释成"制造出来的"，更好懂。南怀瑾先生说："这个有无互为生灭的观念，从周末而到现代，几千年来，一直成为中国文化中普遍平民化的哲学思想。"

从经验来讲，天地万物的从有还无，是很自然的事实。但是要说万物的有，是从无中生出，实在是一件不可思议的事情。东西方数千年的哲学，也没有一个明确的结论。在此，我只是借话说话。

韩东老师为什么能把一般老师不敢上、不愿上的一节数学课上得如此动人？如此深入人心？

我想是因为——无中生有。

他课中所设情境的"有"，在我们头脑中"无"，又是生活中本来就有的，是老子所说的"无"，因此我们觉得玄妙无比。

南京科技馆的话题切入，激活生活，调动已知，引领探究，一石三鸟。不过，令人惊奇的是——淮北的老师要到马鞍山借班上课比赛，上课前去南京科技馆正好遇上马鞍山的孩子来参观。真是巧合，几个小概率事件竟然在韩东一个人身上都变成了现实。真是"文章本天成，妙手偶得之"。只有自己心中有，眼中才会有吧？

"马鞍山师范附小四年级春季收费标准统计"情境具有现实意义。话题的讨论，更有教育意义。当代的孩子享受了太多的爱，但是他们往往感受不到，更不会表达和回报。

上这样的课，老师们都会想到医院的体温记录表，但韩老师一下子出示两幅图："聪聪、明明的体温变化记录统计图。"让学生当一名小医生，仔细观察分析这两幅图，给大家详细地说说这两天他俩的治疗情况，有情有趣，有理有据。

回顾全课，由学生头脑中没有折线统计图，到创造出来；由一幅到两幅，再到学生举例的多幅。哈哈，一幅完美的"道生一，一生二，二生三，三生万物"的演绎图景。

在小结全课之后，韩东老师使出一招漂亮的回马枪："小华学习了折线统计图，觉得折线统计图的优点很明显，就去文具店作了调查，并绘制了一幅统计图。请你认真观察分析这幅折线统计图，你发现了什么？""你发现了什么？"是开放度很大的问题，有的孩子可能不明就里，但培养的是学生的独立思考，敢于批判，不人云亦云。

我惊叹这一反例！这一反例在生活中是没有的，是一种"无"，但无中生出了"有"，促使学生深刻地认识到"在什么情况下，绘制折线统计图，在什么情况下绘制条形统计图"，真是相反相成，精妙独到！

韩东老师为什么能把一般老师不敢上、不愿上的一节数学课上得如此动人？如此深入人心？

我想是因为——有中生无。

毫无疑问，对这节课韩老师是精心预设的，但他上得没有斧凿的痕迹，水到渠成，一气呵成，叹为观止。师生之间的圆融，让我想到庄子的"鱼相忘乎江湖，人相忘乎道术"。这种消除了主客对立的"相忘"境界，"无我""混沌"状态，我以为是课堂教学的至高境界。

我们可以一起回顾他在学生回答、展示后的评价语——"瞧！他关注了什么？""多了不起的发现！""哎！这回说得更专业了。你说倾斜度，什么是倾斜度，能比划比划吗？""真好！提出挑战了，我最喜欢这样的课堂，有争议才有进步嘛！听到他质疑，你们作何解释？"……丰富多彩，准确灵动。语言的丰富源于理解的准确，认识的到位。我想这是"有中生无"。

《老子》说："有之以为利，无之以为用。"它的意思是说："有"给人便利，"无"发挥了它的作用。我们写出的教案是"有"，它让我们更好地把握课的走向，我们实际用的是教案字里行间的"无"。

不过，看上去的"无"，其实还是老师心中"有"。老子说："天下万物生于有，有生于无。"请看在分析"聪聪、明明的体温变化记录统计图"时——

生3：她分析得很好，但我会比她分析得更好。

师：那么自信，你贵姓？（姓胡）胡医生，可不要胡说哟！我们可要听听你的精彩分析。

……

我猜想韩东老师心中是有著名作家、翻译家胡愈之到大学讲课时开场的故事的。"我姓胡，虽然写过一些书，但都是胡写；出版过不少书，那是胡出；至于翻译的外国书，更是胡翻。"我没有看到孩子的眼睛，韩老师可以回忆一下，当自己说："胡医生，可不要胡说哟！"胡姓学生的目光有何变化。自己说自己"胡说"，那是一种调侃，别人说呢？

有无相生，生生不已。一切作为，如行云流水，义所当为，理所应为，做应当做的事。做过了，如雁过长空，风来竹面，不着丝毫痕迹。

韩东老师的课后反思也很见功力。"学习素材无处不在，也取之不尽，用之不竭。只要我们关注学生，关注他们的生活现实，关注身边的大事，小事，必然会使数学'材'源茂盛，使课堂焕发魅力。"说得真好！只有"风声雨声读书声声声入耳，家事国事天下事事事关心"，才能找到恰当的、学生喜闻乐见的、既有数学味道又富有思想含量的例子，找到"这一个"。你见青山多妩媚，料青山见你亦如是。著名数学教育家波利亚曾形象地说："好问题同某种蘑菇有些相像，它们都成堆地生长，找到一个以后，你应当在周围找一找，很可能附近就有好几个。"韩老师的反思可以启发我们更多的思考，我相信我们会有所得。

我觉得反思应该是"道通天地有形外，思入风云变态中"的形而上学，应该"有中生无"，从课中的"有"，反思出课中没有觉察的问题。因为反思主要是为了发现问题，分析问题，解决问题，提高自己。教是修行，思是觉悟。在思想光芒照耀下的课堂更有利于学生成长。

比方说——

在"探究新知"环节，老师出示参观科技展人数统计图后问："在这幅统计图中，横轴表示什么？（年份）纵轴表示什么？（参观人数）每年的参观人数在这幅统计图上都找得到吗？"韩老师是不是可以反思一下：前两个问题需要老师提出来吗？这两个问题可是看懂统计图的关键啊，看不懂统计图的学生往往就是不知道先看懂横轴、纵轴分别表示什么。这一关键能不能让学生自己体悟出来？还可以再问自己一句：这两个问题老师不说，学生会想到吗？学生有没有相关基础？条形统计图是基础，这在"知识背景和目标定位"已经分析了的，那这么做又是为什么呢？赶时间？图效率？在教学的关键环节，我们是不是应该"舍得浪费时间"（卢梭语）呢？

同样，在"深入探究"环节的三个问题：

（1）哪年参观人数最多？哪年最少？

（2）哪年到哪年人数没有变化？哪年到哪年人数增加最快？

（3）借助这幅统计图，体会一下这几年参观人数整体变化情况。你是怎么看出的？

是不是也可以反思：问题是数学的心脏，这三个问题来自哪里？是来自学生，来自老师，还是来自教参，来自以往的教学习惯？

我似乎听到老子在说："无可无不可。"

哈哈，以老子看来，应当是"知者不言，言者不知"，我不敢乱说了。

精彩源于困惑

柏拉图曾说："惊讶，这尤其是哲学家的一种情绪。除此之外，哲学没有别的开端。"观摩了张楼军老师精彩的"长方体的体积计算"，我要说："课堂教学的精彩源自于老师和学生的困惑。"老师的困惑，带来的是具有突破意义的创新：课堂教学是一种有意义、有价值、有兴味的活动；学生的困惑，展现的是"教是因为需要教"的理念：一切为了学生的发展。

张老师与我们大部分数学老师一样，教着两个平行班的数学。难能可贵的是，张老师在教了第一个班之后，困惑起了学生的"漠不关心"，从而使他在教第二个班时确立了"立足于学生的已知，激发起学生灵动的思维"的教学追求。因为有了这份追求，张老师让学生知无不言，言无不尽。在学生困惑了，山穷水复之际，张老师提出了苏格拉底式的问题"为什么长方体的体积等于长乘宽乘高呢"，催生了学生有价值的探究。再根据大部分学生初步探究的困惑状况，老师指点迷津"'纸上得来终觉浅，绝知此事要躬行。'我们能不能运用实物操作操作呢"，让学生自求自得。纵观整节课，"不愤不启，不悱不发"。诚如程颐老先生感慨的："盖不待愤悱而发，则知之不固，待愤悱而后发，则沛然矣。"

细细品味张老师的提问："这些，你们都会了吗？""学了文字表达的公式和字母公式，今天的内容总该完成了吧？"在练一练之后："总可以算学完了吧？""你们真学会了吗？你们真没有想法了吗？""那好，我来向你们请教。请问……""那么现在有谁能告诉我，为什么……"在学生对于体积公式的理解已经到位后："那你们在上课前有没有思考过这样的问题呢？这给我们什么启示呢？"……我们或许能够领悟"好的教育"之道："善问者如攻坚木：先其易者，后其节目；及其久也，相说以解。不善问者反此。善待问者如撞钟：叩之以小者则小鸣，叩之以大者则大鸣；待其从容，然后尽其声。不善答问者反此。此皆进学之道也。"（《礼记·学记》）特别是最后一问——"那你们在上课前有没有思考过这样的问题呢？这给我们什么启示呢？"棋高一着，体现了教者育人意识的高度自觉。

回顾张老师"别样的课堂"，就像在回味王安石那脍炙人口的著名游记《游褒禅山记》："入之愈深，其进愈难，而其见愈奇。"

赞叹之余，我们应当追问：张老师为什么能够在第二个班上出如此精彩的"家常课"？

宇宙间，花开花落，春生夏长，秋收冬藏，充满奥秘。只要我们保有一颗鲜活敏感的心灵，不断地追问下去，问题就会层出不穷，创新也就会连续不断。没有困惑的心理状态，所有的一切都是简单的重复。你就发现不了新的东西，也就将永远生活在一个没有变化、没有发展、毫无新意的世界之中。

教学是生活的一部分。如果我们老师一直处于"不惑"之年，那么一定是"几十年如一日"，不断重复着昨天的故事。

新课程对我们教师意味着什么？从某种意义上说，就是一种解放，赋予了我们教师以选择的自由。而选择的前提是我们头脑中确立"好的教育"的标准。袁振国先生指出："好的教育是相对的，没有最好，只有更好，绝对的、统一的'好'教育是没有的，好教育不能通过模仿和抄袭而获得，教育是一种创造性的活动，我们只能根据特定的教育目的、教育场景、教育对象、教育任务和教育者自身的条件确定一种相对较好的教育行为方式，选择和创造自己认为好的教育。"

从张老师的课前反思和"一种深度、一类模式、一些习惯"的课后反思，我们可以看到张老师就是"根据特定的教育对象和教育者自身的条件确定一种相对较好的教育行为方式，选择和创造自己认为好的教育"：尊重学生的已知，引导学生的未知，促进学生的发展。同时，我们还可以看到反思已经成为他良好的教学习惯，持续不断的反思造就了他高质量、高水平的反思。反思源于困惑，反思超越困惑，反思促进了自身的专业发展。

陆九渊先生说："小疑则小进，大疑则大进。"诚哉斯言！张老师"大疑则大进"矣。我有小疑：课始，张老师帮助学生复习体积是指什么，体积的单位有哪些。学生对答如流。接着又问他们，体积是 4 立方厘米的正方体里含有多少个体积是 1 立方厘米的小正方体……这是为学生理解长方体体积公式而做的铺垫。为什么要这样铺垫呢？我们的教学安排是为了教学进展得更顺畅，还是为了学生发展得更顺畅？教师是苦心安排的，学生能理解老师的这份苦心吗？如果到学生理解长方体体积公式遇到了障碍时，老师再安排这一环节呢？那样的话，学生是否能体会到：要探明某个问题，当从最基本的概念的理解开始？那样的话，学生得到的是否更多？那样的话，学生能否在以后的自主学习中更有思路，更有方法，从而达到叶圣陶先生"教是为了不教"的境界？

第六辑

生活感悟

农民种的庄稼长得不好，从来不责怪庄稼，而是反思自己：土是不是松得适宜？肥是不是施得及时？有没有及时浇水和除虫？因为他知道庄稼始终是无辜的。我们应像农民那样，经常追问自己：学生上课为什么不专心？作业为何总是出错？

　　我们不能像"芒芒然"的宋人一样做出揠苗助长的傻事，而应像郭橐驼种树那样"能顺木之天以致其性"，"不害其长"，"不抑耗其实"，使"其天者全而其性得"。

像农民种地那样教书

我出身于农民家庭，对农民有着一种天然的情结。初到这个世界时，父亲给我取的名字是"华逸农"。从 12 岁起，我就干过不少农活：播种、捉虫、喷药、除草、施肥、收割、脱粒……不但为家里挣得了不少工分，在同伴中也很有成就感。现在做教师 20 多年了，仍不肯丢弃农民的心态和气质，觉得能像农民种地那样教书，是件很踏实、很惬意、很幸福的事儿。

凡是与农民有过亲密接触的人，都能体味农民对于自己田里的庄稼那份非常浓厚、深沉的感情。我觉得做教师也同样如此。真心诚意喜爱孩子，并让孩子感受到老师的喜爱，是一种功夫，也是一门艺术。这种喜爱，是对生命的尊重，而不是对功利的诉求；这种喜爱，是自心底里流出，而非虚伪的作秀。

哪怕勒紧腰带，哪怕走痛双脚，农民也要千方百计地挑选良种。教师应像农民精选种子那样精选教学内容，从学生的视角对冷冰冰的教材进行选择、加工、预热，制造令孩子们难忘的经历，以期引起学生火热的思考，让孩子们终身受用。

即便是最优良的种子，在未经耕作的土地里也难以生长。我们应该像农民深耕细翻土地那样精心设计问题情境。好的问题情境，应像西班牙斗牛士的红布，能唤起学生挑战自我的激情；又像"人之愈深，其进愈难，而其见愈奇"的褒禅山，内蕴丰厚。

在农业耕种过程中，不可预知的东西太多，所以农民总是不断地调整，因地制宜、因时制宜、因物制宜地栽培，细心地呵护。老农说：人勤地不懒；一分耕耘，一分收获。我们应像农民那样满怀期望、憧憬，但又从不希冀天上掉馅饼。新课程倡导因材施教，尊重生成性的课堂，但有预设的生成才是真正的精彩。预设需要全情的投入，需要兢兢业业的付出。

"晨兴理荒秽，带月荷锄归。"日出而作，农民的生活里没有星期六，没有星期日。为了有效除草，他们甘愿"锄禾日当午，汗滴禾下土"。做教师就当有强烈的时不我待的意识，像农民通过看天、摸土，确定播种时机那样寻找课堂上勇敢地退与适时地进的时机。

"行有不得，反求诸己。"农民种的庄稼长得不好，从来不责怪庄稼，而是反思自己：土是不是松得适宜？肥是不是施得及时？有没有及时浇水和除虫？因为他知道庄稼始终是无辜的。我们应像农民那样，经常追问自己：学生上课为什么不专心？作业为何总是出错？

我们不能像"芒芒然"的宋人一样做出揠苗助长的傻事，而应像郭橐驼种树那样"能顺木之天以致其性"，"不害其长"，"不抑耗其实"，使"其天者全而其性得"。

……

叶圣陶先生说："教育是农业，不是工业。"细细品味叶老的话，农业与工业最根本的区别在哪里？或许是农业的工作对象是有生命的吧。从这个意义上来说，工业所需要的是一名技术熟练的操作工，而农业所需要的却是能真正关注生命及其成长的农民！

一位哲人说："人不是一件东西，他是一个置身于不断发展过程中的生命体。在生命的每一时刻，他都在成为却永远尚未成为他能够成为的那个人。"人的成长，并不仅仅是知识技能的积累，更重要的是精神和灵魂的发育、成熟和提升。知识是容易教授的，技能是容易训练的，但精神和灵魂的成长却需要"一棵树摇动另一棵树，一朵云追逐另一朵云，一个灵魂唤醒另一个灵魂"。教育像农业一样需要信任，需要宽容，需要耐心，需要期待，需要守望。

教育是农业，不是工业，更不是商业。

能像农民种地那样教书，真好！

追飞机

"飞机!"

听到有人惊呼,我们几个割羊草的小伙伴都停下手中的刀,傻傻地仰着脖子,搜寻着,好不容易才从蓝天白云中找到一架小小的飞机,然后默默地、心满意足地目送小飞机消失在天的尽头……有时候,几个小伙伴还猛跑一阵子,追赶飞机,比谁最后一个还能看到飞机。

现在,我几乎每个星期都要乘几次飞机,这是儿时的我做梦都不敢想的。

由于赶时间的原因,我第一次买了张从南苑机场17点25分起飞的机票。2008年1月26日下午3点半,我准时上了预约的出租车。司机王师傅说:"提前了两个小时,应该没问题。"行到广安门桥,巨堵;绕道永定门,交通管制;再绕道,还是堵。司机王师傅开始着急。"咣当",剐上了。我赶紧打了另一辆车。

司机很熟悉道路,一路顺畅。可是,快到南苑机场时,还是堵了。这时,已是16点55分,离起飞只有半个小时了。

我感觉到心跳加快。

司机说没路可绕。

祈祷快快开堵,然后我去向值班经理求情。

没有一辆车动一动。

我摇开车窗,问路旁的大伯:"大伯,请问您到机场有多远?"大伯热情地说:"还有3里路,从这里向北,到红绿灯,再向右拐,然后一直下去就到了。"

又过了三分钟，还是没有一辆车动一动。

我再向一位骑自行车的大哥问路，大哥下车说："1千多米，从这里向南很快就到了。"

"怎么会一个说往南，一个说向北？"大概大伯对现在的机场不怎么熟悉。我当机立断，下车，向南，跑步去机场。

我提着包，一边跑，一边寻觅着摩托车。没有，就是没有。

跑不动了，慢走一段，继续跑。

又跑了一段，我不放心地问："往机场怎么走？"一个小伙子告诉我："向南。"一位大姐说："向南再左拐，向东，再向左拐。"

到了一个加油站旁，一位大哥在车内打电话，我急促地向他考证"往机场怎么走"。大哥人很好，停下手中的电话，伸出手臂指示着："向东，再向北，到十字路口再向东，就到了。"

兼听则明。我道谢之后，赶紧跑。

路上，对面的车在蠕动，这边没车在动，就我一人在跑。

我像阿甘那样跑，一个人傻乎乎地跑。不过，阿甘是没有目标的，我是有目标的：追飞机。我相信自己能追赶上飞机。"没有什么不可能，这班飞机可能晚点。"儿时的我追赶飞机是天真的游戏，41岁的我追赶飞机是现实的无奈。

啊，路边有一个修理摩托的小伙子，我请他送我一程，他说："对不起，没时间。"是啊，年底了，谁不忙？

一辆红色轿车从身边驶过，车停在美发店前，司机姑娘下车去敲门，美发店的门没开，她又往车这边走来。

我似乎看到救星："您好……请送我一段路，我赶飞机，实在……跑不动了。"那样子一定很可怜。

姑娘犹豫了两下，看看我，点了点头。

我坐上车，喘着气，盯着前方，向北，向北，十字路口，向东，向东，向东，看到南苑机场大门了。

站岗的武警说："向南到头，右拐。"姑娘也是第一次进南苑机场。

向南，向南，再向南，向西，向西……

终于看到候机厅了。谢过姑娘，我直奔办票柜台——

"飞机晚点两小时。"

呼——

我终于追赶上飞机了。我圆了自己儿时的梦想！

哈哈，有意思。

咦——"左拐，左拐，左拐……"谁在忽悠我？一个说往南，一个说向北，怎么回事？怎么我先向南跑然后又往北跑了？如果开始就听老人言，向北跑，一定不会跑得这么狼狈吧，可那哪有这么有意思呢？如果我就是向南跑，能到机场吗？我没有走成圆，可不是走了个"s"吗？

哈哈，原来，机场是个很大很大的东东，一个说的是从南门进，一个说的是打北门来，都是对的。

南辕北辙没有错，因为地球是圆的；往南向北都没错，因为机场是方的。

南北都是路，风景不一样。因此，我们对待生活是否应该多一分从容、豁达和大度？

"横看成岭侧成峰，远近高低各不同。"我们头脑中的事物，表达出来的话语，一定是基于我们自己的经验。从一定意义上，谁敢说自己不是摸象的盲人？"攀山千条路，共仰一月高。"我们对学生、对他人是否更应多一分宽容、理解和善意？

是时，央视春晚，赵本山竟把"太极运动"说成"打麻将"，我不明就里。经他一解释，我和现场的观众一样爆笑不已。

怎么这么巧呢？"缘分啦！"

想想有意思，因此记下这段不务正业的文字。

2007 年除夕写于江苏老家

2008 年清明修改于飞机上

"我多想把老师变成一只……"

记得放暑假的前夕，外地的朋友发给我一则短信："我校的毕业考试有篇半命题作文——'我多想……'，一学生补充为'我多想把老师变成一只'"，在需要按键继续往下读的间隙，我频频点头，敬畏现在的学生真是了不得——这简直是奇思妙想！出于职业习惯，我赶紧猜想：学生会把老师变成一只什么呢？一只？一只孔雀？一只凤凰？……

"猪。"

"一只猪"？我简直不敢相信自己的眼睛。

随即，我打电话给那位朋友，了解学生写了些什么。

原来，老师管得厉害，经常骂学生是"猪"，因此，这次学生就想把语文老师变成"猪"，一只"黄毛猪"。从学生的作文中可以看出，这位同学把老师变成猪后的幸灾乐祸、报复后的快慰跃然纸上。

短暂地庆幸我们的孩子敢于说"不"之后，更久的是思考——我们的老师怎么啦？学生毕业时留下这样的纪念品，执教老师的心里是什么滋味？我们的校长看到这样的答卷做何感想，有何打算？教师队伍中的我们看到这样的作文是拍案惊奇、不寒而栗还是猛然警醒？

如果在学生走出课堂、离开学校时讨厌教育，厌恶教师，我们的教育就失败了。我们可以想象一下那位学生的作文，想象一下那位学生写那篇作文时的心情，想象一下那位学生平常所受到的教育，难道我们还能说这只是教育的失败吗？不，是自毁教门！

　　夸美纽斯曾尖锐地批判以死记硬背为能事的旧学校是"才智的屠宰场"。试问：那贬损学生为"猪"的老师是不是"儿童心灵的屠夫"？那种心理虐待、心灵施暴，国外研究者谓之"看不见的灾难"，因其恶果一般要经过较长的时间才能反映出来，所以一般不易引起人们的注意。试想，在毕业考试时写这样的作文，那个学生是否已有些感情失控，有反社会的行为倾向？马卡连柯曾指出，教师有些言语的腔调甚至"可以成为一滴毒药"！

　　斯普朗格说："教育的核心是人格心灵的唤醒。"当老师的固然要拥有活的知识，谙熟新的教法，但对学生来说，更重要的是富有"童心母爱"（斯霞语）！一个没有爱心的、不把学生当"人"来尊重的教师，就该被学生变成一只……

　　以"爱"才能育"爱"，以"恶"只能生"恨"！

　　可喜的是，在第 24 个教师节到来前夕，教育部和中国教科文卫体工会全国委员会联合颁发了《中小学教师职业道德规范（2008 年修订）》，明确提出了"保护学生安全"的要求。当然，学生的安全包括"身体安全"和"心理安全"。我们要真正做到"维护学生合法权益，促进学生全面、主动、健康发展。不讽刺、挖苦、歧视学生"，就得提升自己的教师德性。

　　德性是指一个人的道德品质，做人的品格。而教师德性，往往是指一种能够担当起教师角色职责的专业品质和专业品格。教师对待学生的态度和方式，对待教育工作的态度和方式，直接反映出他的教师德性。从教师德性，可以看出一个教师对教育工作的意义、价值以及教育行为责任的认识程度，可以看出一个教师的职业幸福指数。

　　当今社会，信息多元，知识激增，我们教师凭什么能够执掌人类的教鞭？"惟吾德馨"！

保护诚实

　　最近看到一幅题为"诚实的代价"的幽默画——教室内喧闹一片，教师走了进去："刚才是哪些同学吵闹的，请站起来。"学生们噤若寒蝉。一名诚实的孩子站了起来，老师开始"教书"了，而那个孩子站到了教室外，泪珠滴滴……

　　这是作者用艺术的手法反映了教育中的一种常见的现象，发人深思。

　　是啊，那孩子好冤啊……那泪水里分明饱含诚实的代价。

　　崇尚诚实是中华民族的美德之一，但由于社会发展的历史原因，这种美德并没有成为一种普遍的国民意识。培养诚信的未来公民也就成为我们教育工作者着力追求的目标之一。

　　语文课本上有讲列宁是个"诚实的孩子"的课文，思想品德课中也有关于"诚实"的章节，学生守则、规范里更有要求"诚实守信"的条款……可是为什么当学生在"日常行为"中说了老实话，做了老实事，当了老实人之后，反而招致处罚？"知"须付诸"行"，"知"而不可以"行"……是师之过乎，是"行"之过乎？

　　陶行知先生说过："千教万教教人求真，千学万学学做真人。"学生违反了课堂纪律，批评教育本没有错，但对于正处于发展中的孩子来说，在批评教育中，尤其需要看到他积极向上的因素。一个人犯了错误并不可怕，可怕的是不敢承认错误并改正错误。不管孩子犯了怎样的过失，只要孩子能真诚、坦白地承认错误，我们便应加以积极引导。切不可在批评过错的同时疏忽了对积极因素的肯定，使他产生"坦诚招致不幸"的切肤之感。试想：那位诚实的孩子下次还会"诚实地"站起来吗？他的同学以后还敢"诚实"吗？

再则，画中一群说笑而未站起来的学生，安然听课，依然故我。老师此番"宽大"，他们与那位挨罚的学生一样，会产生同一心理："还是不诚实好啊！"教师教育失范，可能祸及学生将来的立身做人，其贻害是不可低估的。数年的心血，可能毁于一时的轻率；一次的疏忽，可能造成终生的伤痕。

当下，"诚信"一词，几乎成为大众传媒使用频率最高的词语之一；诚信问题，也成为人们议论最多的社会问题之一。诚信，从根本上说是一种人品修养，是做人的根本准则。关于这一点，我国古人有极为精彩的论述。《春秋穀梁传》中说："人之所以为人者，言也。人而不能言，何以为人？言之所以为言者，信也。言而无信，何以为言？"在幽默画中，那些坐着的学生，"无言"；那位只顾教书的老师，"无信"。"小信成则大信立，故明主积于信。"这是韩非子从治理国家的角度将日常生活的诚信与立国治世的诚信结合起来说的，那我们的诚信教育是不是也应该抓近，抓小，抓实？

诚实作为一种人品，一种规范，其核心是引导人格提升和情操高尚。法国学者蒙田指出：真诚是"美德的首要和基本的部分"，它制约着其他一切美德。没有真诚这种美德，任何美德都将不是真实的，或者都将不是真正道德的。我们老师，不仅仅是要"教书"，也不仅仅是要"教学生学"，更重要的是"教学生行"。徐特立先生曾说过，教师有两重人格，一重叫"经师"，就是只管教书本中的知识；一重叫"人师"，就是教学生怎样做人。他老人家说："我们的教学是要采取'人师'与'经师'二者合一的。""经师"与"人师"相悖，教书与育人相离，是无意识地自毁教门。我们应该提高警惕。

在幽默画中，那位孩子站起来了，是该批评还是该表扬？教师将他逐出课堂，是批评了他的违纪，还是惩罚了他的诚实？但愿画中那孩子诚实的代价，能换来我们对自身教学观念的审视，对以往教育手段的反思。

站着的眼睛

看过鲍效农老师的摄影作品《孩子，你站着听课不累吗?》（2005 年 1 月 29 日《中国教育报》第三版"摄影"），确实像时晓玲主任说的"挥之不去的是镜头里的那双眼睛，是那双站着上课的稚嫩的小脚"。是的，"谁也不能幸免于责"！所以，身为教师的我得到的是另一种解读。期盼的是另一种投入。

在艺术作品中，不仅有由"内"而"外"的"表露的表现（expression），而且还有另外一面，这就是在"表露"中受到控制的、由"外"而"内"回归的"表象"，亦即"再现的表象"（representation）。我从"站着的眼睛"中读到的正是由"外"而"内"的控制。那双眼睛里充满的是恐惧、抗争和维权的坚定。鲍效农老师的旁注："当记者问及孩子因为啥时? 学生不愿作答。"很有意味的。我以为孩子的心里话是："还用说吗，你看呗!"有二十多年教龄的我，曾在农村从事教学和教育管理工作十多年的我，从照片上看出：那名站着的女孩是淘气的、聪慧的。

平整的地面，有棱有角的课桌，齐全的门窗……告诉我：当地的经济条件尚可，完全可以为每名学生配齐桌凳；漂亮的裙子，崭新的凉鞋，时新的文具盒，硬挺的书包……告诉我：这个孩子的家庭并不贫穷，完全可以为孩子制作简易的条凳；滴着汗水的直发，汗衫上的窟窿，斜放桌角、尚未打开的课本，紧抿的嘴角，规规矩矩压在桌沿的双臂……告诉我：她刚淘气完，被老师处罚了。凳子呢? 没有，这是"专座"。

"站着的眼睛"与那双世人皆知的"大眼睛"有所不同，她告诉我们：在政府对农村教育硬件上有了较大投入之后，要重视的是另一种投入——老师头脑中"软件"的安装——把孩子当作平等的人来尊重的教育观。

正因为照片上只是教室的一角，所以给了我想象的空间。但愿不是这样，是我错了。想起了顾城的诗句，我又释然。"黑夜给了我黑色的眼睛，我却用它寻找光明。"

君子病无能

当今的社会呼唤名师。新课程需要名师探航，一大批年轻教师需要名师引领，名校需要名师支撑，莘莘学子期盼名师教化。我们不要因为个别名师的言行不好而质疑举国上下的"名师工程"。一叶障目，不见泰山等以偏概全的笑话是不会在理性人士的身上发生的。

不过，知秋一叶确实给我们带来一些讯息。现在的问题是——

第一，教师怎样才能成为名师？

子曰："君子病无能焉，不病人之不己知也。"这句话，盼望成为名师的人更应该明白。我们要不断提高的是自己的"能"，内功，而不是"名"，不是生怕别人不知道自己，而想办法扬名。我就看到个别想成为名师的人，就像张天翼先生笔下的"华威先生"一样整天赶场，并且嘴里叨唠个不停，"我忙，我忙，我昨天在那儿，明天到那儿，后天要飞到那儿那儿"，生怕别人不知道他的市场广阔。看来盼望成为名师的人先得好好温习古人箴言："桃李不言，下自成蹊""板凳甘坐十年冷，文章不写一句空""功到自然成""水到渠成"，而不要去苦心经营"扬名攻略"，要知道媒体说你行，你不行，行也不行；媒体没说你行，你行，不行也行。正如肖川教授所说："名师，即非常有名气的教师，他们无疑是教育实践领域中的佼佼者。他们何以能那么有名气？首先是因为课上得好，教学效果显著，受学生的欢迎，受同行的认可。"请注意：是"受学生的欢迎，受同行的认可"，而不是媒体认可。

我们的名师如果像歌星那样以"同一首歌"唱遍大江南北，"年年岁岁花相似，岁岁年年课亦同"，恐怕是行不通的。笔者就曾在某风景名胜之地目睹一位名师在舞台上遭遇的尴尬：

（开课之前）

师：（自我感觉良好地）认识我吗？

众生：（自豪地）认识！

师：（有些诧异又有些欣喜）知道我姓什么？

众生：（声音更响亮了）M！您给我们上过××××（正是今天要讲的内容）。

（师一脸的尴尬……箭在弦上，课已经没法换了，可能也不见得有更满意的课。）

坐在台下听课的我们明白了：原来事情就是这么巧，会议组织者借学生，借的还是这个学校，领导安排的还是这个班，上课的还是这位老师，这节课。正像那首歌里唱的："星星还是那个星星，月亮还是那个月亮，山也还是那座山哟，梁也还是那道梁……"似乎一切都不会改变，似乎一切都不想改变！

第二，选择哪样的名师报道？

处于信息社会的人们，深知"酒香也怕巷子深"，所以名师能够借媒体的东风扬名华夏，惠及众生，互惠多赢（特别是对年轻教师的感染），应是福音善事。问题是所报道的名师有没有货色？货色有多少？货的色泽如何？是陈芝麻烂谷子还是色香味俱佳的营养大餐？是拾人牙慧还是有自己的真知灼见？问题又演变成我们的编辑、记者以怎样的眼光去选择报道名师。我从有些媒体所报道的名师身上获益良多。

选择报道"名师"绝对不能以个人的好恶。否则，推销"假货"，受害的不只是消费者。

两个不同层面的问题，但本质是一个，要成为"名师"、要办好"名师"得凭硬货！

品味幸福人生

——写在母校如皋师范学校百岁华诞前

1981年，我考进如师。据说这是"文革"后师范招收的第一届初中毕业生。当年的我，以高出重点高中的分数跳出了"农门"，真是喜不自禁，发自内心地感到——我是幸福的！

蹦进明亮的教室，聆听姚良强、仲伟功、陆玉贤、顾敦沂、陆志平等老师的教诲，如坐春风之中，我是幸福的！

每当做完作业，练完规定的基本功之后，我们就自由自在地活动，读书、练琴、习武、打球，无一不可。演讲比赛、特长表演、班际球赛、学术沙龙，此起彼伏。我们丰富多彩的精神生活需要得到了充分的满足。

教育虽是明天的事业，但确实也是今天的需要。当年我们的老师是这么说，也是这么做的。据报道，哈佛大学350周年校庆时，有人问："学校最值得自豪的是什么？"校长回答："哈佛最引以为自豪的不是培养了六位总统，三十六位诺贝尔奖获得者，最重要的是给予每个学生充分的选择机会和发展空间，让每一颗金子都闪闪发光。"诚然，我们的母校不可能与哈佛大学相提并论，但我们这些学子在如师的怀抱里却实实在在地感受到了哈佛般的呵护。二十年之前，我们就享受到"素质教育"理念的滋润，我是幸福的！

那时让我感到幸福的事儿还有——我们能和老师们一起打篮球。陈艮书、常生等老师出神入化的球技，让我们佩服得五体投地；吴啸啸、王小明等老师在我们身上的故意犯规，让当时的我们是哭笑不得。现在想想，这就是幸福。教育是老师与学生共度的生命历程，共创的人生体验。

读师范时，我是特困生。父亲去世了，家徒四壁。每次回家返校前，姐姐给我的是一角、两角凑成的几元钱。在一个寒冷的冬天，我领到了学校救济的一条棉絮。手捧那条棉絮，一股暖流涌遍全身，那时的我虽然贫寒，但我的心中总感到："我是幸福的！"

记得毕业前夕，我犹豫徘徊。那天下着小雨，晚自习后，我独自一人从篮球场的这一头踱到那一头，再从那一头踱到这一头：我是学校篮球队队长，我做梦都想成为篮球明星，毕业后还能圆梦吗？我的物理成绩特别好，以至于女同学怀疑我和物理老师尤乃如是否有着某种"共振"。毕业考试全年级就我一人满分，陈惠民老师高兴得合不拢嘴。我很想继续努力，成为物理学家。我还参加了《诗刊》函授培训，将一首涂鸦之作写在黑板上，竟引得邻班同学伏窗摘抄，于是我又想成为诗人。原来因家庭出身不好，不可能参军入伍，现在时代不同了，所以，我又想去部队成为"想当元帅的士兵"……夜已经深了，是梅仁蕊主任发现了我。他把我引到办公室，现身说法，促膝长谈。是啊，迷惘的时候，有导师给你指点迷津，你能不幸福吗？

爱因斯坦曾引用一个调皮蛋给教育所下的定义："如果你忘记了在学校里学到的一切，那么所剩下的就是教育。"我从如师毕业已 18 年了，当年老师课上讲的东西已模糊，但三年幸福的师范生活，却越品越醇。这段幸福的人生，一直影响着我，教育着我，指导着我，使我很快地从一个不成熟的小学老师成长为小学高级教师、中学高级教师、特级教师，使我从乡村走到了县城，调进了首都。

回味这段幸福的人生，我渐渐地明白了我的人生为什么会幸福……

2002 年 4 月 28 日凌晨于北京

今年二十，明年十八

——写在《小学教学》创刊 20 周年之际

我是 1984 年中师毕业参加教育工作的。从 1986 年起就与《小学教学》结下了不解之缘。到过我家的同行，看到一米二宽的书橱上排列着我自己装订的《小学教学》合订本，整整齐齐，一年不少，都禁不住地说我对《小学教学》是情有独钟。

的确，读《小学教学》，获益良多。就说眼前的吧，"数学课程标准""开放教学""问题解决""大众数学""数学地表达""元认知"等等比较前卫的教育教学问题，你都可以在《小学教学》中找到极有价值的参考资料。《小学教学》常常刊发名师大家之作：张奠宙教授的文章言简意赅，启人深思；李烈校长独到的经验令人颔首称妙，道出了我们想道而未能道者……《小学教学》编发最多的是我们青年教师的文章。"见贤思齐"，每每读到同龄人的佳作，心中便升腾起强烈的赶超欲望。

高质量、高品位的《小学教学》，赢得了我们小学教师，特别是青年教师的喜爱。我曾为年终评出的优秀教师赠订《小学教学》杂志。老师们说："虽然一年的订费只二十多元钱，但这比奖其他物品更有价值！我们捧读赠订的杂志，常常被激发起一种成就感、自豪感，进而产生不断精进的压力感。这是读自费订阅或学校阅览室的报刊时所不可能有的感觉。"

我的成长，离不开《小学教学》的辅导和激励。自 1988 年起，我开始向《小学教学》编辑部投稿。编辑老师的改笔，从观点的修正到词语的调换，乃至标点的增删都条分缕析，切中肯綮，无不让我佩服得五体投地。1999 年第 9 期

"成才之路"专栏刊发了我的习作《路，在脚下》，比照原稿，我十分敬佩赵主任的编辑功夫。"生活上，我曾很是不幸；但事业上，我却很是幸运！"（标着重号的三字为赵主任所加）这样一改，不仅符合实际情况，准确达意，而且读来朗朗上口。赵主任的严谨、细密、认真的编辑作风由此可见一斑。

更为难能可贵的是，编辑老师常从一篇稿件的指导延伸到研究课题的策划、奋斗目标的指点。例如，前不久我和徒弟合写了一篇稿子——《潜藏着的错误》，指出了某教材中一个习焉不察的错误，对此，编辑老师给予了高度肯定，在指出稿件需修改完善的地方外，还建议可以把这一问题当作课题深入地做下去。殷殷的希望，是我们进一步研究的动力。

在我小有成绩之后，《小学教学》伸出提携的手，邀我参加他们组织的全国性教研活动，让我崭露头角。应邀参加活动，对我来说是一种绝好的学习充电机会，结识全国各地的教育同行，拜会盛大启、孙丽谷、于永正、李烈、吴正宪、刘德武等全国著名大腕教星，可以与他们同台切磋教艺，那真是人生一大乐事。

编辑部的老师，是我们作者心中的上帝。可与编辑老师交往之后，觉得他们是那样朴实、谦和、热情。首次参加《小学教学》的活动，是在东海实小。我上完课后，年轻漂亮的蔡主任竟邀请长相很"中国农民"的我和她合影，真让我兴奋不已。1997 年，我应邀到郑州参加全国数学教育编辑工作委员会组织的研讨活动，赵主任们得知后，专程到会上来看望施建平和我，并且设宴盛情款待，让我浓浓地感受到家的温馨、友的热情。虽然我五音少了一音，可那次也"卡拉 OK"了一回。

多次参加《小学教学》组织的活动，都有一点同感：编辑部里的老师人心齐，很厚道。特别是那次在张家界游览，走上险要路段，赵主任搀着于永正老师，李主任搀着刘玉和老编辑，蔡主任拎包拿衣服，周培红老师跑前跑后抢拍镜头，那情景真难忘。张家界的风景美，《小学教学》的同人们团结一心、同舟共济的图画更让人陶醉。

千禧龙年刚至，欣闻《小学教学》创刊 20 周年，衷心祝愿《小学教学》"今年二十，明年十八"！越办越朝气，越办越漂亮，越办越红火，永远是我们小学教师的伙伴，永远是我们青年教师"不老的向导"！同时祝愿读这份杂志的您，在《小学教学》的滋润下，同样"今年二十，明年十八"！

吾师陈今晨

年纪轻轻的我被评为特级教师之后，心中感激的人很多很多，既有行政领导，又有同行老师；既有亲戚朋友，又有学生及其家长……而在我的老师中，我最感激的是工作之后给我教导的陈今晨老师。

特级教师陈今晨大大的脑袋，圆圆的脸庞，中等的身材，微胖的躯体；没有一件入时的穿戴，没有一句虚伪的客套，就像金秋旷野里的一株红高粱：敦厚、实在。他在小学数学研究领域里取得了引人注目的成果，他确是一株籽粒饱满的"红高粱"。

他给我的教导，是从帮我修改文章开始的。1984 年，我师范毕业分配到乡村小学工作。三年之后，一次很难得的机会，我到县城参加教研活动，聆听了县教研室教研员陈今晨老师的讲座。回家之后，我唐突地寄给他一篇教学经验总结。哪知道他竟把我的习作改得通红。从观点的修正到词语的调换，乃至标点的增删，都条分缕析，切中肯綮，让我佩服得五体投地。以至在这十多年里，我写的文章如果没有让他过目，是不愿向外寄的。即使在去年，已在省内外小有名气的我写了篇《改善师生交往，焕发教育活力》的论文，仍是恭恭敬敬地捧到他的跟前。他不仅帮我仔细修改润色，而且附上了上千言的阅后意见，肯定有加的同时提出了中肯的批评："有的文句要注意避免自吹自擂扬我抑人之嫌。"年轻气盛的我看到这样的语句，脸唰地一下红了。找到他指出的文句，读一读，确实是透出那么一缕扬我抑人之气。把那句子改过之后，心中顿觉十分爽朗：在如今，能得到直陈其弊的老师的指点，不是人生一大幸事吗?

我能多次应邀在全国性教研、科研活动上做观摩课、示范课,也是深深得益于他的教导。他那大大的脑袋里,常常会蹦出许多"金点子"。那些"金点子"往往成为我课堂上出彩的"课眼"。"课是你去上,我的意见仅供你参考。"在他提出——我认为是很宝贵的——意见之后,他总会说这么一句话。当我受他启发重新设计教学方案而没有按他的路子去执教以后,他那圆圆的脸庞上会露出满意的笑容。可见他的那句话,并不是虚伪的客套。他就像红高粱那样给你更多的是启示,而不是要求。

不幸的是,去年初秋,他被确诊患了肝癌,去上海手术之后的一个晚上我去看望他,他却与我谈他对教学、理想、人生的思考。虽然我很想听他教诲,但是考虑到他刚刚手术,于是劝他早些休息。尽管如此,他与我还是谈到深夜 12 点多。名如其人。"今晨",一日之计在于晨。我的老师成年累月、全身心地潜心于小学数学教育的王国,如痴如醉。霓虹变幻的舞厅、灯红酒绿的咖啡馆与他根本无缘,甚至连物品琳琅的商场他也极少光顾。他迷恋自己的事业,总是把别人花在砌"长城"、摆"龙门阵"上的时间,用来进行教研、科研。他的人生理念深深地影响了我。

1995 年,我和陈今晨老师一同被推荐参加特级教师评选,在评选材料中我写了这样一句话:"没有陈今晨,就没有华应龙的今天!"的确如此,在我成长的道路上,是他给了我无私的关怀和真诚的帮助,与他交往,听他教诲,总觉得如坐春风之中,仰沾时雨之化,受益匪浅,获利良多。我将深深地把恩师对我的每一份情义铭刻在心。

提笔作此短文之际,窗外料峭的春寒中暖阳高悬,给人心中平添了几分暖意。我衷心祝愿恩师能战胜病魔,早日康复,继续以生命的红日、事业的红日放射出一如既往的灿烂光芒!

年年、月月、日日

"年、月、日"是我的成名课。

1995年3月8日，扬州，江苏省中青年教师优秀课评比活动，我的参赛课"年、月、日"赢得了满堂彩。这节课获得一等奖是次要的，重要的是让江苏省的小学数学教学专家和骨干老师们记住了南通市海安县墩头镇海舍村小学有个"华应龙"。乃至十多年后，当我遇上当年听过这节课的领导和老师，他们仍然赞不绝口。更有价值的是，1996年，江苏省教研室的王林老师又安排我在南京召开的全国小学数学教学年会上执教了这节课，让全国的小学数学教学大家和精英们认识了我，李烈校长记住了我。当时李烈校长说的"我要把你挖到北京去"是对我这节课的褒奖。

"不思量，自难忘。"当年的我习惯了一个人独来独往，没有学校带队领导，没有学校陪伴老师，习惯了上课前一个人打理一切。这样的习惯，让我的师父、我们县的教研员陈今晨老师感觉到了尴尬，因为在扬州比赛的课前准备时，我从他手里抢下了黑板擦，没有让他帮我擦黑板。"本来嘛，年轻人应该自己来。"哈哈，当时的我不是这样想的。我是想让人们看到一个顶天立地的乡村小学老师的风采，所有的一切准备都是自己完成。

在南京的全国年会上，周玉仁先生评我的课时说："那位穿着白色休闲服的、忙前忙后的会务人员怎么成了讲台上的上课老师？"那就是我要的效果。

哈哈，当年的我是多么的洒脱，更是多么的幼稚、天真和可笑！

丹麦的一位诗人说过："成功就是一片浩瀚的大海。"本人的付出是注入大海的最重要的那条大河，可是，千万不要忘了，还有无数条不引人注意的支流也尽了一份力。

十多年过去了，我那节"年、月、日"的背后有多少幕后英雄，我心里依然清楚地记得。现在我要感激的是我的另一位师父——张兴华先生。

我上"年、月、日"这节课，不管是扬州的全省比赛，还是南京的全国观摩，师父张兴华都不在场。但是，他精心安排了我的试讲课，并给予了十分细致的指导。

说来也是件挺自豪的事儿，当年师父的徒弟中只有我一个是乡村教师。"为什么呢？"我不知道，或许是师父的使命吧。"兴华"，"振兴中华"or"振兴小华"？

我在乡村，师父在另一个县城，相距100多公里。师父为了指导我，先是在电话中帮我推敲教案，然后又在百忙中抽出一天时间，让我到他的学校海门市实验小学试讲，让师弟师妹们一起来听，他再给我细细地说课：从提出的问题到提出问题的语气和神态，让我实实在在地感受到师父的渊博学识和精湛教艺。现在，我还清晰地记得师父教我说那句"看来这个'1900年'，还有点特殊呢"的神态……前不久举行的全国教学大赛中，那位得一等奖的"年、月、日"的老师，有不少教学语言就是学的我的，我是学的师父的。

从师父指导的"年、月、日"一课中，我更深切地感悟到的是，每一个教学环节的安排都应当有清醒的目的。

这一点正是师父第一次听我课后夸奖我的一句话："我看得出，你每一个教学环节的目标意识都非常强！"那是1988年，我第一次参加南通市小学数学教学比赛，讲的是"两步计算应用题"，竟然得了个三等奖。郁闷、沮丧之际，听到师父这句肯定的话，心里舒服多了。

良言一句三冬暖，春风化雨润心田。"我看得出，你每一个教学环节的目标意识都非常强！"这句话真好听，我常常回味！也常常说给我所指导的小老师听。

灵山会上，拈花微笑。"一句话，一辈子；一节课，一辈子"。从师父指点的一节课中学到的东西是可以享用一辈子的。师父指导我的课还有很多，像"长方体的认识"等，有的课经过师父的点评发表在了《小学教学》等报刊上。

现在，我上出的一些有代表性的课，如"百分数的意义""出租车上的数学问题""我会用计算器吗""分数的初步认识""神奇的莫比乌斯带""角的度量""审题"等，都是我在不断追问——"要不要这个环节""为什么要这个环节"中生成的。习惯性的追问，造就了我"删繁就简"的思维方式，进而上出了既"标新立异"又"朴实大气"的数学课。

教学是有计划、有目的的活动，是精心预设、互动生成的活动，老师的全盘驾驭、相机引导都是在考量老师的"目标意识"。因此，现在想来师父的这句夸奖价值连城："我看得出，你每一个教学环节的目标意识都非常强！"

沈从文《长河》中的夭夭说："好看的应该长远存在。"现在，我要说："好听的自然会长远地存在，年年，月月，日日……"

伟大的女性带着我们飞翔

"云中谁寄锦书来？" 2008 年 9 月 9 日晚上 10 点 37 分，我收到一位陌生朋友发来的短信——

人生不能缺少的"九类朋友"：一是激励你让你看到自己的优点，提醒你让你看到自己的不足的朋友。二是维护你，并能在别人面前称赞你的朋友。三是和你的兴趣相近的朋友。四是能把你介绍给志同道合者的朋友。五是能让你全身心放松的朋友。六是能让你有机会接触新观点、新事物的朋友。七是能帮助你理清工作和生活思路的朋友。八是有了好消息总是在第一时间告诉你与你分享喜悦的朋友。九是当你遇到困难和挫折时能向你伸出援助之手的朋友。

不知读者朋友可曾收到过这条短信。

现在的世界就是这样奇妙，同一时刻，哈尔滨的朋友和海南岛的朋友会发来一条相同的、崭新的、曼妙的短信。

细细回味这条短信，我频频点头。人生确实不能缺少这"九类朋友"，拥有了这"九类朋友"的人一定是幸福的。

回想自己在农村教书时，袁恒美、曹德义、陆腾驹、张志友、刘卫荣、段圣祥、刘志洲、颜夕伦、陈长高、李宝喜、丁庆富、周祥、丁兆根、张法源、于昌全、陈今晨、柯恒、柳夕浪、程广友、吴瑞祥、蒋鹤林、张文祥、张英稳、苏大伟、丁锦华、张兴华等，都是我生命中不能缺少的"九类朋友"。

这"九类朋友"可能是一帮朋友，也可能是集"九类"于一身的一位朋友。也许您不信，怎么可能是一位朋友呢？北京第二实验小学的李烈校长就是其中的一位，容我慢慢道来吧——

"一是激励你让你看到自己的优点，提醒你让你看到自己的不足的朋友。"

全国各地来校考察的同行可能会记得李烈校长夸奖我的话语——"我们小华最大的优点是有自己的思想，有自己的思考。不管什么人、什么事，他都会质疑。他的课常常让人耳目一新。""我们小华对中华传统文化的领悟，功底深厚，古人的话语随手拈来，是那么的从容、自然。"

对于我的不足，李烈校长也是直言不讳。她经常把我叫到办公室，或严厉尖锐地批评，或语重心长地教导——"你只想着自己了，没有考虑别人的感受""要学会沟通，让老师们接受你"。甚至当着全体老师的面，说："小华，你再不好好练普通话，错一个字罚 50 元。"现在，我回到老家江苏南通时，昔日的同事会夸奖我普通话进步真大。

一个秉承"修行自己，善待他人，一切适度"的人，一定是能给人以成长力量的温暖而舒适的朋友。

"二是维护你，并能在别人面前称赞你的朋友。"

调进北京之后，我的人脉和教学上的影响基本归零，体贴入微的李校长帮我争取了很多展示的机会。校外，2002 年，让我在西城区"金秋杯"教学大赛开幕式上上展示课。校内，每当我上完观摩课，她都会真诚地感慨："现在我的课上不过小华了。"（李校长是全国第一届教学大赛的第一名，她的课令所有的人倾倒）然后会非常专业地条分缕析，切中肯綮，令老师们频频点头。

2009 年 6 月 21 日 20 点 50 分，张梅玲教授发给我一则短信："应龙，从李烈处得知你工作不错。从校长的角度看，进步很大。她对你是满意的。我为你高兴。应认真学习李烈对老师们的亲和力以及对教育的执著力。我想，人生旅途上能和她共事也应该是一种幸福，对吗？你的大作一定要抓紧，时间均是挤出来的。另外，我很希望你出一本'华应龙教学随笔'，即把现有的短文汇集起来出一本小型口袋书。女老师包小，小型书可以随身带。书不求全，不求完美，但求真实恳切有思考。也可叫'华应龙课堂教学散文集'。我个人认为书出得应像你这个人。"

我常常能从圈子内外的朋友那里，听到李校长对我的认可和赞赏。

"三是和你的兴趣相近的朋友。"

我坚守课堂，李烈校长酷爱三尺讲台。

李校长每学期听课均在 100 节以上，每听一节她都和老师们深入地交流。她常常有"下水上课"的冲动，每学期都能让我们享受一餐课堂教学的盛宴。2005 年，我在《中国教育报》上发表的《细节成就完美》就是听完李校长"引领课"之后写的感悟。教育部刘兼主任看后，打电话给我："特级教师听特级教师的课，特级教师写特级教师的课，有意思！"

对听课感兴趣、对上课有感觉，除此之外，我俩还有一个共同的爱好就是"读书"。

听李烈校长谈读书体会，我有时都怀疑：什么？这本书，李校长也读过啦？她哪有那么多时间的？《第五项修炼》《世界是平的》等都是李校长推荐给我的。我读了《包容的智慧》，觉得心情非常舒畅，也给李校长买了一本。"养心莫若寡欲，至乐无如读书。"

我和李校长兴趣相近不用怀疑了吧？

"四是能把你介绍给志同道合者的朋友。"

李校长把我调进北京之后，便抓住每一个机会把我介绍给北京市尤其是教育部、西城区的领导和专家。她让我参加接待活动，让我主持沙龙，让我执教观摩课。有关单位请她上课、做报告的，她借口工作忙，"我们的小华课上得好，他代我去吧！"

教育部刘兼、沈白榆等专家来校，李校长把我推上前台，后来刘兼主任把我吸纳进新世纪教材组。一年之后，因编写教材的压力、学校工作的压力，我有了想退出教材组的想法，李校长坚决地说："不行，编写教材也是工作，那代表的是实验二小。"

随着邀请我去讲课的情况日渐增多，我给自己定了一条规矩：周一到周五，绝对不外出讲课。当中央教科所、中国教育学会的领导说可以帮我向李校长请假时，我说："不用的，那是我自己不准假。"大约是 2004 年吧，深圳市教育局邀请我周三去讲课，我不去，后来他们找到李校长，李校长接完电话跟我说："小华，去吧，你知道自己控制就好。"

"五是能让你全身心放松的朋友。"

"让自己的天空常蓝，让他人的内心温暖。"这是李烈校长的座右铭。

李烈校长是一个澄明的人，率真、坦诚、热情。在她手下工作，你绝对不需要费心思去揣摩她的心意，你尽可以放心、放手地工作。出了问题，李校长会担着责任，然后带着我们向问题学习；有了成绩，她却退居其后，成绩大家共享。

2007 年 3 月 5 日，元宵节，我发短信问候李校长。12 点 14 分，李校长给我回复了（无论多忙，李烈校长都会回复的）："人有时候应该像水一样前进：如果前面是高山，就绕过去；如果前面是平原，就漫过去；如果前面是张网，就渗过去；如果前面是闸门，就停下来，等待时机。愿你如水般顺应万变，快乐向前！祝元宵节圆圆满满！元宵节后喜事连连！"

我明白李校长发这样的短信给我是有心的，传达出一种期待。2007 年暑假后，我被提拔为副校长。

上善若水，因物赋形，与李烈校长这样的人共处，自然放松，是一种惬意。我想您看完李烈校长的专著《给生命涂上爱的底色》后会更认同。

"六是能让你有机会接触新观点、新事物的朋友。"

2002 年 3 月 21 日，我调进北京。7 月，李烈校长就安排我去德国、法国、意大利等西欧八国考察，那是我第一次走出国门，大开眼界。

2004 年，李校长又安排我去香港参加白板教学的国际研讨活动，让我感受到了白板的神奇魅力。

李校长更是让我参加了好多国内的高层次教学、教研、科研活动，"从自己的痛开始研究"、"没有教育的科学就没有科学的教育"、陶西平先生的"踮跷板说"，等等，这些新观点都是我在参加活动时接触到的。

尤其是每一届全国教学大赛，不管活动在哪个省举行，李校长都会安排我带领学校六位以上的数学老师参加。

只有不断接触新观点、新事物的人，才能不故步自封，才能不断进步。

"七是能帮助你理清工作和生活思路的朋友。"

李烈校长欣赏我，把我调进了北京。当我融入了北京，渐渐地为同事们所接受，成为全国有影响的特级教师之后，她又多次提醒我，要有大的志向、大的抱负，多次催促我写自己的专著。

其实，李校长不单是这么要求我，对其他老师也是如此。

每过两三年，李烈校长就让全体二小人制订个人发展规划，然后她整理成一览表，对每位老师工作、学习、生活上的目标做到心中有数，以便在日常管理工作中帮助达成。2009年春节后，在李校长办公室里，她对我说："小华，这些老师的专著，你负责催。你的专著，我负责催。"李校长注重教师生命价值和职业价值的内在统一，她的领导就是服务。这一点，我体会特深。

我做事拖拉，有时误事。李校长就用她的行动"潜移默化"我。星期五，李校长会问我：下周有什么活动，准备工作落实得如何了？有时为了安排工作，李校长会让我帮她查看日程安排表。因此，现在，每逢周末，我也会学着李校长的样子，把下一周的工作，按照轻重缓急排序、清理、记录。

"八是有了好消息总是在第一时间告诉你与你分享喜悦的朋友。"

二小喜事多，只要是与我有关的喜事，李烈校长总是争取在第一时间告诉我。

2005年，经过西城区教委推荐，我被评为首批"首都基础教育名家"，入驻"首都基础教育名家"长廊，李烈校长接到会议通知后就把我叫到她的办公室，让我自己看完会议通知，李校长说："小华，你是这一批中唯一的一位从外地调进北京的特级教师。"

今年，我校的"'双主体育人'理论和实践的研究"课题研究申报北京市教学成果奖，当李校长得知我们是一等奖之后，马上打电话告诉我，让我分享获得市政府奖的喜悦。

一个人只有内心真正尊重人的生命价值，把他人尊重为合作的伙伴，而不是指使的工具时，才能像李烈校长一样在第一时间分享喜悦。

"九是当你遇到困难和挫折时能向你伸出援助之手的朋友。"

"谅人之难，帮人之过"是李校长经常说的一句话，每个二小人、每个和李校长打过交道的人都会有深切的体会。

2002 年 3 月，我一家调进北京。"夫妇双方是教师，一般不安排在同一所学校。"我爱人被安排到北京第二实验小学怡海分校，从家去学校的路上需要花费两个小时左右的时间，工作上也需要住校。两个月之后，李校长知道了我的生活自理能力特差，于是她开始想办法将我爱人调回到我的身边。7月，我爱人从分校调进本校。

一次，我和李烈校长到郑州出差，我帮她拎大包，她帮我拎小包——一个看上去小得多的笔记本电脑包。当她感觉到我的笔记本电脑很重之后，关心地说："小华，你这个笔记本太沉了，外出不方便，我办公室有个东芝的，小得多，回去后拿给你。"后来，学校帮我们重换了轻得多的华硕笔记本，但我还是喜欢用李校长给的小巧的旧笔记本。因为，那小巧的旧笔记本有一种温度，打开它，我会获得更多的灵感。

李烈校长是画圆高手，每一个二小人都在她画就的"圆"上，每一个二小人都感觉到李校长对自己特别好、特别亲。有了难事，李烈校长会主动帮助解决，不但解决了问题，还能让你增长见识；有了心事，李烈校长会挤出时间帮助开释，让你拨开愁云，豁然开朗。

综上所述，做出一个判断——李烈校长是我人生中不能缺少的"九类朋友"，——没有问题吧？一点都不牵强吧？

其实，李烈校长是每个实验二小人人生中不能缺少的"九类朋友"。

李烈校长尊重每一个人，能看到每一个人的长处，正像佛家主张的"人人皆有佛性"，她视人如己，让大家和谐共生，帮助每一个二小人做最好的自己。

北京市教委的一位主任曾在大会上感慨地说："有人问我北京最好的小学

是哪一所？我说那就是北京第二实验小学，她是小学里的清华、北大！"多年来新闻媒体组织北京市民投票评选满意的学校，北京第二实验小学连年第一。

李烈校长是全国著名的小学数学特级教师，先后荣获"享受国务院政府特殊津贴专家""北京市有突出贡献专家""全国劳动模范""人民教师奖章""北京市首届十大杰出青年""首届首都楷模"等荣誉称号。2005年，李烈校长成为教育部公布的"当代教育家"。2007年，李烈校长被推选为中国教育学会副会长。一位校长能够一直赢得校内校外、上上下下、方方面面的一致欣赏、高度赞誉，真的不容易。

在我心目中，李烈校长是高人，是伟人。

当我反省自己的很多不成熟，当我想到自己并不欣赏的老师却被李烈校长充分认可时，我悟出一句话：大者能容，有容乃大。

伟人，往往在书中，常常是历史上的。我能够在伟人的身边工作，耳濡目染，能够常和伟人交流，推心置腹，那真是三生有幸。

我想起一位学者说的话：要了解我思想的百分之二十，请看我的文章；要了解我思想的百分之四十，请听我的报告；要了解我思想的百分之六十，请和我聊天。

我真是太幸运了。"我的幸运，流畅得有如荷马的诗句。"（培根语）不记得读的是歌德的哪一本书了，不过，我记得那是在18岁的时候、师范毕业前夕读的，歌德说了这样一句话——伟大的女性带着我们飞翔！我要说李烈校长就是这样一位了不起的令人崇敬的女性。

父母、爱人、孩子是我们生命中的贵人，开启蒙昧的老师、抬举厚爱的领导、陪伴引领的朋友是我们生命中的贵人。

李烈校长是我人生中不能缺少的"九类朋友"，是我生命中的贵人！

惠芳老师的眼睛

听说要出陈惠芳老师的专辑，我想那是很自然的事情。我心底里是很敬佩她的。因此，当编辑约我给她的专辑写上几句话的时候，我欣然答应。可是，铺纸捉笔的时候，我却犯难了：写什么呢？

惠芳老师无疑是一位优秀的教师，一个成功的女人。但如果她的优秀和成功只是由于她内在的聪慧，别人没法学，那么对年轻的老师们而言也就没有了什么启示和帮助的作用。

思来想去，我想写写她的眼睛。因为鲁迅先生说："要极省俭地画出一个人的特征，最好是画他的眼睛。"（《南腔北调集·我怎么做起小说来》）

惠芳老师身材匀称，清爽干练，什么时候见她都是生气勃勃，神清气爽的，脸上永远洋溢着春天的明媚和晴朗，从来没有沉重和忧郁。她天生了一双乌亮的眼睛，一双出奇精神的眼睛，闪现着她的智慧与才情，也闪现着她心灵的深邃与美丽。

有朋友可能要说话了："这也没法学啊！"

不是这样的。

我回想着她的眼睛，回忆起七八年前我曾复印了《读者》上的一篇题为"对自己的长相负责"的文章发给全校老师的情形。

林肯总统的一位朋友向林肯推荐某人为阁员，林肯却没用。推荐的朋友问林肯何以不用。林肯说："我不喜欢他那副长相。"他的朋友质问："你怎么能以貌取人呢？"林肯说："一个人过了四十岁就该对自己的长相负责。"

做老师的人就更该对自己的长相负责了。"腹有诗书气自华",而这"气"更多的是从心灵的窗户——眼睛里流露。说老实话,捧读陈惠芳老师的《触摸教育的风景》,我频频摇头,自愧不如。她读的好多书我都没有读过,或者是我的书橱里有,但还没有研读。就我的感觉而言,小学教师辛苦,小学女教师比男教师更辛苦,在学校里是这样,在家庭里也是这样。所以我更加敬佩惠芳老师。

惠芳"回眸一笑百媚生",我等五尺男儿"无颜色"。看来男人真得对自己狠一点,好好滋养自己的眼睛。

惠芳的眼睛的确非同一般,她的眼睛既关注着生活,也关注着数学;既关注着学生,也关注着教师;既关注着传统,也关注着现代。她的眼睛总能在新课程的推进中发现那些迷人的"风景"。她善于在凡俗的教师生活中,发现新,发现美,那是教育之新,人性之美。

每每听完一节课,有的老师会发出"不过尔尔"的感叹,有的老师甚至发出了"我又发现了一个不如我的人"的豪言,更多的老师一言以蔽之——"好",而惠芳老师总能如数家珍般条分缕析,见人所未见,道人所不能道。

朱光潜先生说:"读诗就是再作诗,一首诗的生命不是作者一个人所能维持住,也要读者帮忙才行。"我以为老师间的听课也是如此。那么,惠芳老师为什么能有一双"惠"眼来帮助上课的老师完成他的作品?我想:第一,慧眼是连着慧心的,惠芳老师坚守着"十步之内必有芳草"的信念。她的教学和她的文字印证着罗丹的话——"世界上不是缺少美而是缺少发现美的眼睛"。第二,她拥有着先进的前卫的教育理念,而不是记住了一两句口号。一个人眼睛里能看到什么,取决于他头脑里有什么理论,理论的缺乏往往导致我们视而不见。第三,良好的观察和思维习惯。爱因斯坦说:"用自己的眼睛看,用自己的心感受的人屈指可数。"我觉得惠芳老师有了这良好的习惯以后,因此可以从心所欲,眼到笔随,她的文字和评点就是一种"无所为而为的玩索"。

我想,"惠芳老师的眼睛真美",一定不是我一个人的感受。

有容乃大

卫兵老师是我师范的校友，是我的老乡，是我曾经的同事，是我志同道合的好朋友。

我比他早3年出生。读师范，他比我晚3年，我从如皋师范毕业，他跨进如皋师范的大门。

我刚毕业做乡村教师四五年之后，在海安县小学数学界已经小有名气：参加教师比赛连连得奖，代表海安县参加南通市教学比赛，多次执教市、县公开课。为此，让一直"养尊处优"的县城实验小学的几位老师有点"背气"，我自己也感觉到他们目光中的"不过尔尔"。记得好像是1990年左右，我带着"村娃"去南通市参加小学生数学报组织的决赛，遇到了同样是带队的、在海安实验小学已是意气风发的许卫兵。从他真诚的目光中，我没有读到一点点"城里小弟看不起乡下大哥"的意思。"这位兄弟不错，不是小肚鸡肠"，是我对卫兵老师的最初印象。

1995年11月28日，教育局的一纸调令将我安排到海安县实验小学副校长的岗位。稍后，卫兵老师做校长办公室主任。校长办公室主任不单是校长的"卫兵"，更是众人的"勤务兵"。我们同在一个办公室，我耳闻目睹了"无故加之""猝然临之"后他的反应，十分佩服：卫兵老师的体积没有我大，但是他的容量比我大。卫兵老师是一个可敬的人。

2002年3月21日，我调到北京工作。在此前同事的八年里，我俩一起探讨数学教学，一起研究科研课题，一起推敲论文写作，亲如兄弟，情同手足。

我一直欣赏他、尊敬他：他能提出新点子、好招数，他更能接纳不同的观点和意见，"容许别人有行动和判断的自由"（房龙《宽容》）。这很难得，因为我知道有才的人，往往恃才傲物，经常自以为是。

2005 年 5 月间，我听说卫兵老师主动让出了申报特级教师的名额，因为一位老同事如果错过这次机会，就永远没有机会了。哪个奋发有为的青年教师不想早日拿到金灿灿的"特级教师"证书？我不知道卫兵老师当时与自己斗争了多长时间，反正我知道：只有容得下自己的人，接受"谋事在人，成事在天"现实的人，只有相信自己的人，看到未来的人，只有拥有博大的胸襟和气度的人，才会像卫兵老师一样做出这样的决定。一个具有成人之美之心的人，一定是可亲的人。

去年，卫兵老师如众人所愿评上了江苏省特级教师，可喜可贺！自信并且善良的人，是最美丽的。

我知道他现在研究的"简约教学"已经很有成就，也很受一线老师们的欢迎。这是一个由薄到厚再由厚到薄、由多而少、由繁到简、由浅入深再深入浅出的教学问题，这也是一个返璞归真的"容"的话题。简约的教学，一定是大气的教学。课如其人。要上出"简约的数学课"，首先要做丰富而单纯的数学教师。我们知道所有精神上的伟人，他们的心灵世界无不具有"丰富的单纯"之特质，他们的心是单纯的，却又能包容丰富的情感、体验和思想。"海纳百川，有容乃大"，像大海能容纳无数江河水一样的胸襟宽广，以容纳和融合来形成超常的大气。愿与我志同道合的好朋友把这个课题越做越大！

欣闻《小学教学》要编发卫兵老师的专辑，我便兴奋着想写点什么。借着开会之机，我学习季老羡林先生的做法，在会议记录旁写着、记着，写着、记着，"有容乃大"一下子跳了出来。

有容乃大，出自《尚书·君陈》："尔无忿疾于顽，无求备于一夫。必有忍，其乃有济。有容，德乃大。"

一块石头，落入水盆之中，可能会打翻这盆水；如果落入池塘之中，或许会溅起很大的水花；如果落入深深的湖中，也许只会荡起一阵涟漪；如果落入大海之中，波澜不惊那是一定的了。一事临头，如果我们容不下，那就说明我们的容量还不够大。

容，宽容、包容、从容、容光焕发；大，大度、大气、大师、蔚为大观。

卫兵老师的身材并不高大，但一个人形象的伟岸与否，不在于身高。

有容乃大！

一节课·一碗米

2001 年 4 月，山东淄博，全国第五届小学数学优秀课评选活动。贲友林老师的一节课，"平面图形面积的复习"，赢得了满堂彩，荣获一等奖第三名。前两名都是新授课（参加本届比赛的课是从新授课和复习课两种课型中任抽一种），我们不满足但很满意（当时我和贲友林是同事，他是副教导主任，我是副校长）。

这节课，精彩展示了贲友林老师对复习课的理解与追求——复习课不但要查漏补缺、连线结网，而且应当提纲挈领、温故知新，更需要进一步激发学生求知的热情。

这节课，在全国产生了影响，也创造了江苏省海安县教育界的历史。

这节课，使贲友林老师一夜成名，也让李烈校长确证了对我的认可（当时李烈校长是评委）。

这节课，是激发贲友林老师不断精进的加油的泵，也是敦促他飞得更高的嘹亮的歌。

我见证了小贲磨课的全过程，更感动于他平常认认真真上好每一节课的兢兢业业、精益求精的精神。我想朋友们一定能从他的美文《宁静致远——我的成长感悟》中有所感受，从他的专著《此岸与彼岸——我的数学教学手记》中获得认同。

回忆小贲成长的过程，我想起禅学中的一个故事：徒弟问师傅，一碗米有多少钱的价值？师傅说，这太难说了，看在谁手里。要是在一个家庭主妇手里，她加点水蒸一蒸，半个钟头，一碗米饭出来了，就是一块钱的价值。要是在小商人手里，他把米好好泡一泡，分成四五堆，用粽叶包成粽子，花一两个小时，就是四五块钱的价值。要是到一个更有头脑的大商人手里，把它做成米饭后再发酵、加温，十天半个月，很用心地酿造成一瓶酒，有可能是二三十块钱的价值。所以一碗米到底有多少价值，要因人而异。

我们做老师的每天都要上课，但一节课与一节课的价值是大不相同的，因人而异。有的一节课是教给了学生一点知识，有的一节课是教给学生一种方法，有的一节课是传授给学生一种思想，有的一节课激发起的是学生求知的热情。

一节课获奖了，可喜可贺。但对于执教老师而言，"她"的价值也是截然不同，因人而异的。有的可能是加官晋爵的筹码，有的可能是评职评特的金砖；有的可能是一种圆满的抵达，有的可能是一次崭新的出发。有的老师因一节课的成功，而荒废了精彩的人生。马斯洛说过："人们不仅惧怕自己身上最坏的东西，也惧怕自己身上最好的东西。"他称那些有了点儿进步就沾沾自喜、不思进取的人为"逃避成长"。而贲友林老师因一节课的成功，走上了更加成功的康庄大道。

贲友林老师的成功，告诉我们：一节课的价值的不同，在很大程度上取决于每个人（不管是对学生而言，还是对老师来说）对"一节课"的加工程度。教师对"一节课"加工的时间越短，这节课的价值就越低；教师对"一节课"加工的时间越长，这节课的价值也就越大。

何为加工？如果我们没有迷茫过，如果我们没有思索过；如果我们没有比较过，如果我们没有质疑过；如果我们没有寂寞过，如果我们没有憔悴过；如果我们没有向往过，如果我们没有激动过，那么，我们就别说"加工"过，因为那只是在"重复"。

继而，我再想贲友林老师为什么能这么用心地"加工"呢？

他有些糊涂。本来他应该得到的却没有得到，他竟然不知道，更不会去理论。本不该他做的，布置给他了，他还做得有滋有味。

他有些迂腐。交际应酬，他常常不到，"女儿没人照顾"是他的说辞。他也不知道去发现人际间的黑洞。

他有些学究。我俩天各一方，一南一北，他竟多次向我借书。要知道，有些"精明"的老师，送给他的书都不会看一眼的。

他有些不识时务。我上完"圆的认识"，好评如潮，他却对我课前的"借橡皮"感觉不好，说是"不相信学生"。

……

哦，难得糊涂，糊涂难得。"聪明难，糊涂尤难，由聪明而转入糊涂更难。放一着，退一步，当下安心，非图后来报也。"（郑板桥语）在今天，虽然大家都知道把米酿成酒，会增值，但大部分人仍会选择把米煮成饭。因为这是最通俗、成功率最高的方法。而把米酿成酒，加工的方法要比煮饭复杂得多，而且存放的那段时间里不确定的因素也多，风险高，不划算。

呵，世界上像阿甘那样的人太少了。

哦，何以宁静？"心何以知？曰：'虚壹而静'。"（《荀子·解蔽》）"养心莫若寡欲，至乐无如读书。"（郑成功语）就像小贲自嘲式介绍所说的那样："我的眼睛很小，不过，眼小聚光。"是的，聚光就是有目标，就对目标之外的视而不见。眼不见，心就不烦。

哦，为何致远？碗里的水多了，米就少；眼里的草多了，花就少；心里的腥气多了，芬芳就少。心不旁骛，反而能够视阈敞亮。

话说至此，我不禁吟诵起荀子的《劝学》："积土成山，风雨兴焉；积水成渊，蛟龙生焉；积善成德，而神明自得，圣心备焉。故不积跬步，无以至千里；不积小流，无以成江海。骐骥一跃，不能十步；驽马十驾，功在不舍。锲而舍之，朽木不折；锲而不舍，金石可镂。蚓无爪牙之利、筋骨之强，上食埃土，下饮黄泉，用心一也；蟹六跪而二螯，非蛇、鳝之穴无可寄托者，用心躁也。是故无冥冥之志者，无昭昭之明；无惛惛之事者，无赫赫之功。行衢道者不至，事两君者不容。目不能两视而明，耳不能两听而聪。螣蛇无足而飞，鼫鼠五技而穷。《诗》曰：'尸鸠在桑，其子七兮。淑人君子，其仪一兮。其仪一兮，心如结兮！'故君子结于一也。"

过瘾，过瘾，真过瘾！老夫子所言极是。"君子结于一也"，"无冥冥之志者，无昭昭之明；无惛惛之事者，无赫赫之功。""其仪一兮，心如结兮"：态度如一，专心致志。当我们把精神和气力都集中在一点之上时，是一定会攻无不克、战无不胜的，眼界会越来越开阔，思想会越来越深刻，境界会越来越高远，价值会越来越厚实。

小贲的故事就是当代版的《劝学》。

一节课，一碗米，一篇文，一个人。

我真心地感谢贲友林先生的"一节课"！他让我真切地体悟到：真正钻了进去，"一"就是"多"，"无"即是"有"。

一节好课，折射精神境界，浓缩人生精华，弥散人格魅力，彰显生命价值。课如其人，我们的人生又何尝不是"一节课"呢？一声哭，上课；再一阵哭，下课。其间就是一个不断寻找、开发、提升和放大价值的过程。父母给我们"一个人"，然后我们自己"加工"自己。

课如其人，人亦如课。

课上似同学，课下似兄弟

构建新型的师生关系既是实施"以爱育爱"的前提和条件，也是实施"以爱育爱"的内容和任务。

我们一般习惯上把比较理想的师生关系表述为"课上是老师，课下是朋友"，现在觉得这样的表述存在着泛化、抽象化、凝固化的倾向。时代在发展，现时代课上与课下、校内与校外已不能用铃声与围墙截然分开，并且这一表述中的"老师"与"朋友"的角色显然是泾渭分明，"老师就是老师，朋友就是朋友"。

在社会各领域发生巨大变化的今天，我们有必要重新审视信息化时代背景下的师生关系。因为师生关系是教育教学活动的核心问题，是每一位教师和每一名学生每一天都要去感受和经历的事情。师生关系对于教育质量、教学效益和学生成长的重要意义，丝毫不亚于空气对人的价值。"师生之间的关系决定着学校的面貌。"（阿莫纳什维利语）国内外大量的教育效果归因研究向我们揭示：一所学校的社会认可度，主要取决于教师在一定教育观念支配下所培植的师生关系。

象牙塔内传统的师生关系正面临着越来越多的冲击，这是不争的事实。

在"以爱育爱"的思想指导下，实践、思索后的我们认为新型的师生关系应当是"课上似同学，课下似兄弟"。

（一）

我国古代早就有"教学相长"的见解，唐代韩愈已经意识到"弟子不必不如师，师不必贤于弟子"。开国领袖毛泽东主席进一步提倡教师"向学生学习"。江泽民同志在第三次全教会讲话中指出"教师与学生之间要相互学习、相互切磋、相互启发、相互激励"。"教然后知困"，教师向学生"学"，实际上是"教"的必要条件。正如《中国教育报》组织的为期一年的"新时期中小学师生关系大调查"报告（《中国教育报》1999 年 9 月 1 日—3 日，以下简称"大调查"）中所说："教师坦率地承认在计算机技术应用能力、流行时尚及畅销书阅读等方面明显落后于学生。"何止于此，就是课本上的知识和方法，学生有时也比我们知得多、想得深、创得新。"课中研讨"时，我们的学生，不就常常让我们这些老师惊诧不已？这或许就是施教中的反哺。前段时间不是有报纸载文称现在已到了"后喻文化"时代了吗？可见，在现代师生关系中比以往更需提倡"教学相长"，可又更难以达到"教学相长"的境界，教师往往是后进生。文化人类学创始人泰勒、心理复演说的倡导者霍尔、儿童教育家蒙台梭利都曾在他们的著述中赞成和推崇过"儿童是成人之父"的观点。看来，我们真得向孩子学习，和孩子一同学习。

教师应向学生学习的不仅仅是学生知道而教师不了解的知识，不仅仅是学生对新鲜事物的敏感和好奇心，更重要的是学习儿童的内在精神，学习他们的天真、淳朴、真诚、善良、坦率、公正、追求自由、自然不伪、不谙世故、不畏权威的品质。当我们以这样的眼光来看待学生时，我们还有什么理由对他们持一种居高临下的态度呢？也只有当教师以这样的眼光来看待学生时，师生之间才有可能真正形成一种平等、和谐、宽松、融洽的关系。

师生课上似同学，意在构建一种师生互相学习、互相帮助、互相促进的课堂教学新秩序。一定的师生关系，其实是由相应的教育关系所决定的，其核心是教育观念。应试教育与素质教育作为两种完全不同的教育价值观，它对师生关系的要求是根本相反的。在应试教育背景下，师生关系是主从型的，因为无论从知识传授的方法、途径还是目的来分析，它只需要学生无条件地接受，学生只是贮存知识的容器。而素质教育强调激发学生独立思考和创新的意识，让学生感受、理解知识产生和发展的过程，重视培养学生收集处理信息的能力，分析和解决问题的能力以及团结协作和进行社会活动的能力。我们从教学模式的嬗变中，同样可以看出端倪。以行为主义心理学为基础的教学模式，以传统的讲授作为主要教学手段，教师是居高临下的传授者："记住我告诉你的"；以认知心理学为基础的教学模式，鼓励学生自我探索，自我发现，教师是退居一旁的组织者："自己去探索发现"；以社会性结构心理学为基础的教学模式，强调师生之间及学生之间的相互交流与合作，教师是与学生平等的组织者、协调者和参与者："大家一起做，共同探索，共同总结"。以现代教学理论观照教师角色，教师应是学生成长与发展的促进者，而不是发号施令的指导者。我们教师要自觉转换课堂上的角色，由知识的拥有者、真理的代言人转变为学习活动的引导者、合作者。世界各国的教育家和教育实践工作者开始逐渐认识到，学生应是教学过程的真正中心，教学中的任何活动，教师所作的任何努力，根本上是为了使学生具有主动、自主学习的能力。"故教师之为教，不在全盘授予，而在相机诱导"（叶圣陶语）。

我们每一位教师头脑中应树立这样的学生观：学生是尚在成长之中需要教师帮助的人，是具有巨大潜力可以塑造的人，是必定超过教师并推进社会发展的人。教师在课上似学兄，是帮助学弟学习。不是强迫、命令学生学习，而是意味着教师必须钻到学生心灵世界中去寻找、激活好学上进的积极因素，坚信每位学生都不仅能帮助教师完成教学任务，而且能帮助教师提高教学水平。有人可能要说："好学生固然可以帮助老师，后进学生却是阻碍教师完成教学任务。"其实不然，越是学习后进的学生，越是能提高教师的教学水平，就像医生的医疗水平是在治愈疑难杂症患者时提高的一样。

"以爱育爱"，以同学的身份相处，我们就不仅会尊重每一位学生，尊重智力发育迟缓的学生，尊重学业成绩不良的学生，尊重被孤立和拒绝的学生，尊重有过错的学生，尊重有严重缺点和缺陷的学生，尊重和自己意见不一致的学生，而且会赞赏每一位学生，赞赏每一位学生的独特性、兴趣、爱好、专长，赞赏每一位学生所取得的哪怕是极其微小的成绩，赞赏每一位学生所付出的努力和所表现出来的善意，赞赏每一位学生对教科书的质疑和对自己的超越。

（二）

常言道"师之如父"，师生怎么一下子成了兄弟？汪曾祺老先生曾写过一篇散文佳作《多年父子成兄弟》。君不见，北大前校长马寅初常与晚生"兄弟"相称。在师道尊严、师生等级分明的环境中大教授尚能如此，何况我们即将步入新世纪的小学教师呢？有人说："师生成兄弟，没大没小。"我觉得一个现代化的、充满人情味的校园首先必须做到"没大没小"。老师叫人敬畏，学生"笔管条直"，是最没有生气的。作为老师，能够葆有童心，留住童趣，那是大幸。

师生关系的平等、民主，是现代师生关系的主要标志。所谓"一日为师，终身为父"，那是强令儿童像隶属于父母那样隶属于教师。古人尊师重道有他们的理由，依现代人的眼光看来，师固然不可不尊，但像古人那样尊法，现代的学生吃得消吗？在传统教育中，"尊师"不以"爱生"为前提，即不管教师是否爱生，也不管教师是否值得尊重，学生总得无条件地尊师。因为"尊师"是为了"重道"，反之，"爱生"常以"尊师"为条件，即不爱不尊师的学生。这是一种不民主、不平等的师生关系。人们常把"尊师爱生"列入道德规范。但道德只能规范人们的行为，对人的情感是很难规范得了的。事实上，教师的权威与爱总是基于师生正式或非正式的交往而自然产生（或不产生）的。如今，"一日为师，终身为父"的格局一去不复返了。多数师生关系将随着教育阶段的结束而消亡；此后只有那些自然产生的师生感情才绵延不绝。试问读者诸君：你那不能忘怀的老师是否似兄弟？

师生课下似兄弟，是对以成人为本位的传统社会的一种反拨，是对小觑儿童的传统儿童观的一次重创，它推进传统的师道尊严向双向尊重的、师生互爱的师生关系转换，以营造平等、民主、真诚、关心、移情性理解的促进学生发展的教育氛围。

一方面要让学生可以亲近老师，我们老师不要害怕在学生面前失去"师道尊严"，整天像卫道士似的把自己的思想和行为裹得严严实实，把自己装在套子里，俨然一个完美无缺的"圣人"。我们教师的生命价值若以这样的方式来实现，那肯定是"活得很累"的。要做一个真正受学生欢迎的新世纪的人民教师，我们不可能像鼻祖孔老夫子那样被人塑泥漆金，供为神圣，而是应该多方位地向学生展现自己，不只是展示自己的优点，还要勇于暴露不足。让学生觉得老师活得最真，不是金光四溢的"神"，而是普普通通的人，最有血有肉，最鲜活，最能理解他们，同他们最接近。我们教师要多与学生进行角色互换，体验一下当学生的滋味。媳妇熬成婆以后应常忆起曾为媳时的情景。总之，只要老师不再把学生当成必须绝对服从的对象，学生不把老师视作不食人间烟火的"神仙"，相互交流，彼此尊重，师生之间的相处就会轻松得多，融洽得多。

另一方面是我们老师要学会亲近学生，肯蹲下来看孩子的世界，关照学生生活，关注他们的喜怒哀乐，参与游戏、一同活动、闲话家常。现在大多数教师缺的不是知识而是对学生的情感和爱心。如果师弟们在跳橡皮筋，你这位师兄哪怕是以欣赏的目光在一旁观战，师弟们也会玩得十分地起劲、非常地开心。人是多么渴望与别人亲近、被他人赏识。

诚如是，那我们师生的关系肯定不致像"大调查"所得出的境况。"学生心中有了秘密，最想找老师说的仅占 4.8%，最想找要好的同学说的占 67%。"同时，这两个数据不是也启示我们课下要力争做学生"要好的同学"，即兄弟吗？

举一个敏感而棘手的例子——后进生转化——这是一个在传统教育观念支配下的教师最头痛的问题。当我们初次接触大家公认的不可理喻的、大多数学生害怕的学生 M 时，我们会心痛不已。但当我们在课堂上对他们"一视同仁"，在课后与他们一起游戏、交上知心朋友之后，小 M 的一系列反应却是：试图了解老师的"秘密"，给老师看他的日记，向老师发表自己的看法，向老师提出搞活动的建议，到老师家中做客……小 M 像变了个人似的，后来原来执教的老师诧异地请教有什么"秘诀"。由此可见，在一种师生关系之下"呕心沥血"达不到的教育目标，在另一种师生关系下，却会"无心插柳柳成荫"。这正如雅斯贝尔斯所说："教育是人的灵魂的教育，而非理智知识和认识的堆积。"正是这种人与人之间心灵的对话、完整人格的交流，学生体验着做人的全部尊严，享受着被人尊重的生命快乐，才使师生关系具有了"教育意义"。师生之间缺乏积极的情感联系，不仅使得一直为人们所珍视的师生情谊黯然失色，也使教学活动失去了宝贵的动力源泉。优化师生情感关系，重构温馨感人的师生情谊，是师生关系改革的现实要求。

随着新课程的深入实施以及我们对以往教育行为的反思，中国的教育将不会欢迎师道尊严进入 21 世纪！若问未来的为师之道，我们的解答是："以生为本，以爱育爱！"

（三）

华东师大陈桂生教授指出师生关系历史地形成了三原则，即：（1）作为教育工作关系的，教学相长；（2）作为一定历史时期社会关系缩影的，民主、平等；（3）作为一般人际自然关系的，尊师爱生。

笔者认为，课上似同学，乃教学相长原则的生动体现；课下似兄弟，乃新时期尊师爱生的最佳境界；课上、课下贯穿的一个精髓那就是平等与民主。

在现代社会中，中小学生交往的一个重要特点，就是对体现非个性的"角色交往"的现状愈来愈感到厌倦，而更多地去寻找既充满友谊，又增加生活情趣的"个性交往"活动，来满足心理上和精神上的需求。"大调查"中学生的呼吁——"老师应该不仅在课堂上学习上关心我们，在课外也要能和我们友好相处，不要时时摆出一副老师的架子"——就是希望老师淡化角色，以"人"的本来面目，以个性特点参与交往。但是，教师或学生，作为社会的一分子，各自扮演着一定的社会角色，应按照一定的规范行事，过分强化或淡化自己所扮演的角色，都会给师生交往带来障碍。因此，笔者针对现实，所提出的比较理想的师生关系是"似"同学、"似"兄弟，而不是"是"同学、"是"兄弟。

面向新时代，"以爱育爱"，构建一种"课上似同学，课下似兄弟"，以师生个性全面交往为基础的新型师生关系，将真正使师生关系焕发出迷人的光彩，成为校园内最亮丽的风景线。

篮球：我的导师

为师之路上，很多人说我一路顺风：18 岁参加工作，22 至 29 岁，先后担任中心小学教导主任、中心初中副校长、乡镇教育助理，30 岁，全家调进县城，担任实验小学副校长，36 岁，全家调进北京，先后担任实验二小教学主任、副校长。工作 25 年，获得了省市级奖 20 多个，地市级奖近 20 个。工作 25 年，教学录像多次在中国教育电视台播放，中央电视台"当代教育"、《人民教育》"名师人生"专栏做过专题报道、《中国教育报》推出了"华应龙教育教学艺术系列报道"。在《光明日报》《人民教育》《小学青年教师》等 20 多家国家级、省级教育报刊上发表文章 400 多篇，主编、参编了 20 多本教学用书，先后参加了"苏教版"和"北师大版"国家义务教育课程标准实验教材的编写、审定和实验指导工作。28 岁，身在农村的我破格晋升为江苏省南通市最年轻的小学高级教师；32 岁，被江苏省人民政府表彰为特级教师；39 岁，被推荐为首批"首都基础教育名家"。

有人怀疑："你一个大部分经历在农村的小学教师，怎么会如此这般？是不是有较大的家族背景？是不是有较厚的经济基础？"

坦诚相告：我出身农民家庭，在我读初二时，患病 5 年的父亲告别了人世！当时的家中，实在无法找到一件像样的东西，真正是家徒四壁。

1981 年，我以高出重点高中的分数跳出了"农门"，考进了江苏省如皋师范，真是喜不自禁。可是去如皋师范报到的那一天，是一幕无法抹去的记忆。大雨如注，不少同学在父母的呵护下愉快地上了路，而 15 岁的我却是孤零零的一个人（由于过度的悲伤和劳累，母亲的腰弯了，白发频添，我没让她送我），一根扁担挑着行李，一步一滑，从家乡华舍村走到瓦甸乡。由于大雨，河水升高，轮船没法开。又一步三滑，走到白甸乡。拼了几十里泥泞的小路，才搭上了一辆汽车。摸到如皋，跨进校门时，我的肩磨破了，浑身湿漉漉的，有雨水，有汗水，还有泪水……我还清楚地记得：每次回家返校前，姐姐给我的是一角、两角凑成的几元钱。在严冬到来的时候，师范的老师特地给我送来一条棉絮……

生活上，我曾很是不幸；但事业上，我很幸运！"我的幸运，流畅得有如荷马的诗句"（培根语）。的确，我十分幸运，读书的时候，遇到了好老师，他们给我积极的心态，拼搏的精神；我非常幸运，工作以后，遇到了好同事，他们给我帮扶，为我加油；我特别幸运，偶有成绩之后，就遇上了好领导，他们给我以赏识，给我以舞台……不管是在师范的报告桌旁，还是在记者的采访机前；也不管是在平常的闲聊之中，还是在我专门撰写的感谢老师的文章里，我总是说：我没有什么特别的能耐，只是特别地幸运，遇上了好老师、好同事、好领导、好学生、好学生家长！

现在想来，我要感谢的还有一位，那就是我的"篮球导师"！

一直生活在农村的我，初中毕业了，都没有碰过篮球。到师范后，由于身材在同学中算高的，所以被选进了学校篮球队。从此以后，不管是晨曦初露的清晨，还是烈日炎炎的晌午、月色朦胧的夜晚，篮球场上都会活跃着我的身影。当时的我一门心思就是要在篮球场上出人头地，追逐梦想、放飞希望。1981—1984年的如师人都知道"华应龙是个十足的篮球迷"。

工作的最初四年里，我一边教体育和数学，一边执教学校女子篮球队。再以后，只教数学了，也坚持每天打篮球。平日里，别人打牌，我打球。有伙伴就一起打，同伴没时间我就一人打。NBA的经典赛事转播，我一场不落。身边的人都知道"华应龙是个铁杆篮球迷"。

我对篮球情有独钟，篮球对我恩泽万种。

激情四溢

打篮球需要球技，更需要激情。NBA 球员们对篮球充满着激情，每一场篮球比赛都是他们激情的表演。他们胸中永远燃烧着一团熊熊烈火，永远精力旺盛、斗志昂扬！球队赢了，他们认为自己是伟大的；球队输了，他们也不会丧失希望，总会倾注更大的热情，不断地浇灌着他们的篮球人生。

教学也和打球一样需要激情。每每备课，我会深入挖掘教材，学习它，研究它，剃须、吃饭、走路时都对它念念不忘，有时可以为它废寝忘食，常常在睡觉时因想到一个好点子而一跃而起。正像丘成桐先生 2006 年 6 月 26 日在光明日报社演讲时说："'庞加莱猜想'这个命题太优美了、太重要了，我们没办法来抵抗它的魅力。就像我们年轻时，喜欢漂亮的女孩子一样。"我十分认同他说的"假如你对学问没有极度的热情的话，你不可能成功"。课备完后我常常会有种冲动，就像制作了一件特别神秘的礼物急欲和学生分享。每每走进教室，我总是精力旺盛，神采飞扬，保持着对课堂的新鲜感，给自己不断树立新的目标，也想像"飞人"乔丹那样把学生带入一个梦幻和神话般的境界。在做人上，我也保持着热情，因此在全国各地有很多的朋友，为他们答疑、购买资料；"非典"时期，看到报纸上说血库告急，我主动上了献血车；年过不惑，我又主动申请捐献造血干细胞。

没有激情，就没有教育的"震撼"；没有激情，就没有教育的"共鸣"；没有激情，就没有创新；没有激情，就没有魅力可言。一个人成功的大小是与激情的饱满程度成正比的。

投篮凭手感

投篮凭手感，手感是靠一遍又一遍的反复练习来积淀的。为了练就过硬的教学基本功，提高自己的课感，我创造性地开始了"自我评课"：一边上课，一边给自己的课录音；课后一边听录音，一边反思，并请同行指教。

1994 年，我在《人民教育》发表的第一篇文章就是《年轻教师不妨听听自己的课》。

随着教龄的增加，随着点滴经验的日积月累，我越来越感到自己理论知识的贫乏。于是批改完作业、备完课，我又捧起了大专、本科自学课本，参加了教育管理硕士研究生函授，捧起了陶行知、苏霍姆林斯基，捧起了《课程与教学哲学》《中国数学史大系》……我的年历上没有星期天，没有节假日，有的只是一天五六小时的睡眠。更深夜半，烛泪将尽，常常是和衣而睡。一觉醒来，跑跑步，暖暖身子，继续看书。热闹正月，人们打牌娱乐，遍尝山珍海味；我却钻进宿舍，捧着书本，啃着馒头，沉浸在教育教学的王国。

苦痛、欢乐、失败、成功，我都不问；
男儿的事业原本要昼夜不停。（歌德语）

打好每一个球

篮球场上，无论对手强弱，每次比赛我都打得非常认真，非常投入，尽力拼搏。就是现在年届不惑，同事看球后总说："你真行啊！"我觉得应该珍惜每一次锻炼和提高的机会，也觉得这种"认真"对对方是一种"尊重"。

相聚是缘。多年的篮球生活，让我学会了与人交往，懂得了交往的首要前提是尊重。在球场上，尊重教练，尊重伙伴，尊重对手，尊重裁判，尊重观众。在工作中，尊重领导，尊重同事，尊重学生，尊重学生家长，尊重一切与自己有关和无关的人。

记得那是我刚刚调进县城实验小学时，新接一个六年级班，自恃特别能吸引住学生的我遭遇了挑战。开学两个星期了，一位男生小 A 都没有好好看我一眼，对我没兴趣。"是什么原因？"我问自己。原来这位同学长得非常特别：个子不高，可是腰是弓着的；眼睛不大，眉毛是耷拉着的，嘴唇豁开了，鼻孔也有点豁开；头发不长但缠在一起……仔细打量着他的样子，我的脑子里浮现出雨果《巴黎圣母院》里敲钟人加西莫多的形象。当想到加西莫多的时候，我心中暗喜，接纳他了。加西莫多就是人长得很丑，但内心很美。再深入了解，这位同学压根就不正眼看人，独钟情于小动物，文具盒里总会有几十只小爬虫。他不惹事，但痛恨做作业。成绩不好，数学考试总是不及格。父母对他也不寄予希望了，打算让他小学毕业后开个小店铺。原来是形象不佳，妨碍了他与人的正常交往，造成了他心理闭锁，而我忽视了与他的个别沟通。

思考两天后，我想到了沟通的办法。星期一，数学课后，小A在花坛旁边玩。我走过去，看着他玩。他并不理我，似乎是想从花坛中找到什么小虫子。"小A，需要我帮助吗？"他没抬头，也没答应。"我们交个朋友，好吗？"他还是不理我。停了十几秒，"小A，我有个地方长得和你一样，你看我的嘴唇上面——"（我的嘴唇上也有一块疤）。这次小A抬头了，他眼睛里流露出惊奇的神色，我感觉到我俩的心理距离近了。同病相怜嘛，这是我运用了交往理论中的"相似效应"。"我这儿是小时候走路跌下来的，你呢？""我也是。"（其实，他是先天的。）他终于与我对话了，并且声音很亲近。后来，我在班上称他"小达尔文"，请他到我家玩，借《达尔文传》给他看，课上给他展示的机会……小A变了。他妈妈说他像"变了个人似的"，他爸爸说我是小A的"再生父母"。

人都有爱美厌丑的本性，圣人孔子也概莫能外。"吾以言取人，失之宰予；以貌取人，失之子羽。"但人的尊重需求，是与生俱来的。新时代的我们固然要尊重学生的兴趣爱好、思维方式、思想感情、价值观念，但首要的是尊重学生的人格，尊重学生的身材相貌。我们要调整课堂上的视线投向，让丑陋生、后进生也能天天看到老师亲切的目光，也过上幸福的校园生活。

大路上，甚至在大街上，驮物载粮的农民艰难地上坡，我会顺手推一把。我觉得他们特别亲切，我的父辈们也是这样满脸黝黑、满手老茧、满身汗香。

因为我懂得并做到了尽可能地去尊重每一个人，所以我总是生活在阳光之中。

带头鼓掌

篮球场上，同伴每每打出一记好球，我在快速后退跑的同时都会带头鼓掌；当对手打出一个特别精彩的球，我会冲他眨眨眼睛。每个人在心底里都是渴望得到别人的赏识的。学生就更需要从老师对他的评价中建立起对自己的认识。

一次，笔者上小数、分数与百分数互化的复习课，要求学生把 0.2 等小数化成百分数。在小 Y（数学后进生）回答出"20％"后，我请她说说想的过程。她说"0.2 等于十分之二"，她"十分之……"才出口，同学们便嘘声一片，我示意别打断，请她继续说。同学们怀着看笑话的神情，"0.2 等于十分之二，等于五分之一"，有学生禁不住笑出声来，我也在想：这扯到哪去了，可还是耐着性子让她说。"分子分母同乘以 20，等于 20％。""哎呀，真了不起！"随着我的称赞，同学们鼓起掌来。"大家看，小 Y 同学先运用小数的意义把小数化成分数，再根据分数的基本性质进行约分，接着又一次灵活运用分数的基本性质，将分数巧妙地化成了百分数。这一系列知识她掌握得多清晰，并且能运用自如，太棒了！华老师还没有想到这么好的复习小数、分数与百分数的例子。华老师要向她学习！"教室里响起了更加热烈的掌声，小 Y 眼眶里噙着泪花……整节课受这情景感染，学生情趣激扬，教学效果出奇地好，"白开水"变成了"茅台酒"。

复习课最难上，往往上得平淡、枯燥，有炒冷饭之嫌。要上得有生气，有高潮，是不能依赖编制几道"九曲十八弯"的难题的。教师的欣赏、夸奖、鼓励，会给学生本人和他的同学带来莫大的快乐，带来巨大的信心，带来更多的投入，使课堂教学脱去僵硬的外衣而显露出生机。只有师生全身心地投入，彼此敞亮，教师尊重学生，欣赏学生，致力于探索、创造充满生命力的课堂教学，师生才不只是在教和学，还在感受课中生命的涌动和成长；也只有在这样的课堂上，学生才能获得多方面的满足和发展，教师的劳动才会闪现出创造的光辉和人性的魅力。

成长需要臭球和嘘声

篮球场上，有掌声，也有嘘声。掌声，让我更尽情地发挥；嘘声，促使我更快地改进。多年的篮球生活，让我学会了接受掌声和接纳批评。

一次试卷评讲课上，评析这样一道题：

> 3点钟时，钟面上的时针和分针夹角是（　　）度，再过1小时，时针和分针成（　　）角。

在画出钟面图作了评讲之后，我发现这是一道可以渗透极限思想的非常好的题，因此就问学生："如果不是问再过1小时，而是问再过1分钟，那么时针和分针成什么角呢？"学生始作茫然，三四秒钟之后，有几个学生答：还是钝角。我正中下怀。"对！哪怕是再过1秒钟，时针和分针的夹角都会大于90度，所以是钝角！"学生纷纷点头，佩服老师的高明，我也有几分自鸣得意。

下课了，仲伟平和邵炜晖两位同学走到我跟前，"华老师，您课上讲错了。"我莫名其妙，想了想说："怎么会呢？今天华老师课上没错。""我们算过了……"语气中有些不容置疑。我觉得应凝神静听。"分针比时针走得快，所以再过1分钟，时针和分针的夹角是锐角，不是钝角。"

哎呀，确实是我错了。

我"狠狠地"把他俩夸奖了一番，并当即表示：①第二天当众承认自己的错误；②表扬他俩善于独立思考的精神；③赠两张名片给他俩，上书："敬赠我的一题之师！"

理想的教学应该是对话式的，师生相互请教，双方互为先生和学生。在批评教育的问题上，师生同样是平等的，教师当然可以批评学生，学生也可以批评老师。作为教师，要不断丰厚自己的学识，提升自己的理性。因为只有丰厚的学识与彻底的理性才能赋予人一种大气。这种大气，作为教师是非常重要的。因为只有大气，才能真诚地鼓励学生放飞想象的翅膀，去拓展自己心灵的空间。

接球也传球

篮球场上，不能只知道接球，不知道传球。篮球是集体项目，要不得个人英雄主义，要懂得合作、付出。教育工作也是如此。我是位经常布置语文作业的数学老师。我总是开门上课，热忱欢迎同行到我的教室来听课交流。我奉献出殚思竭虑的教学设计，让年轻教师扬起教海之帆。改得面目全非的征文，让中老年老师尝到论文得大奖的滋味。和盘托出积累十多年的课题研究资料，和教研组老师们一起开展课题研究。上厕所几分钟都不肯放松的我，可是为同事帮忙五六小时也心甘情愿。虽然曾遭遇一位好友借走了自己十多年积蓄的20万元后销声匿迹的重创，但帮助朋友的热情不减。因为我知道华盛顿父亲说的那影响了整个美国的一句话："如果你帮助别人得到他想要的，你就能得到一切你想要的。"因为我还知道华罗庚先生说的"人家帮我永记不忘，我帮人家莫记心上"。我不喜欢帮了别人就到处说的人，我不喜欢帮了别人就追着要报答的人。

当哨声总是为我而鸣

篮球比赛中，如果你遇上一个偏心的裁判，那就倒霉了。你刚一抬腿，"嘀——"，带球走；你刚一起跳拼抢，"嘀——"，拉人犯规……你动辄得咎，无所适从。你明白裁判是存了偏心了，但你不能发火，不能怒形于色。这时候，最明智的做法就是对裁判的错判不予理睬，一门心思认认真真地、不屈不挠地、不急不火地打好每一个球，就可以了，就对得起自己了。篮球是一种对抗性很强的运动。你的得分能力越强，对手就看得你越紧，像牛皮糖一样盯着你，在你身上的小动作就越多。对手比你强，你只有提高自己，如果想偷偷拖他"后腿"，"嘀——"，犯规，下场……

境由心造。其实，偏心的裁判是最好的调理师。我们在工作中又何曾没有遇到过这样的"裁判"？我想人家是牺牲自己的人格在帮助你，锤炼你呢。你得意抑或失意时，裁判的"嘀——"就是在提醒你，你要暗暗告诫自己：不要犯规，保存自己。姚明说："在季后赛中你对你的失误不能有任何借口，一个失误就能致你于死地。"当年从乡村调往县城，我作为主管领导在与全镇教师话别的时候，我就说："衷心感谢大家对我的培养！有的是直接的培养，有的是间接的培养。"取得成绩时，我不骄不躁，不忘记关怀我的领导、扶植我的同事。遇到冷言、挫折时，我用石灰精神激励自己——越是泼冷水，越是热气腾腾。现在，我清楚地明白：怪罪别人是自己不行动的借口；不肯原谅他人，最后受苦的是自己。当新到一片球场，别人不把你当回事的时候，你要特把自己当回事；当周围的人众星捧月般呵护你，特把你当回事的时候，你可千万别把自己当回事。

球小乾坤大

流水没有阻挡就不会激起美丽的浪花。打球没有强劲的对手，轻易地得分，那太没劲儿了。纠缠、虚晃、突破、急停，于刹那间捕捉战机，跳投、得分，那才叫刺激、过瘾。因此在教学工作中，我从不惧怕碰到的困难。遇到棘手的淘气鬼，我把他当作提高自己教育教学能力的难得的际遇。

要想投篮得分，只要向上就有可能。但是篮球场上，不是所有得分的投篮都是好球，也不是所有没有投中的球都是坏球。我觉得老师看待学生的学习也该如此。学生正确的作业可能只是模仿，但错误的作业却可能是一种创新。

子曰："君子病无能焉，不病人之不己知也。"篮球场上不相信虚名，得凭真本事说话。我们要不断提高的是自己的"能"、内功，而不是"名"。"板凳甘坐十年冷，文章不写一句空。"我上的课、写的文章不能说是真知灼见，但不拾人牙慧，一定有自己的实践和思考。

球场上的变化、发展，往往瞬息万变，令人捉摸不定，还常出人意外。

一场球与一场球，在变化与发展上是不会相同的，课堂也是如此。苏轼说："大略如行云流水，初无定质；但常行于所当行，常止于所不可不止。文理自然，姿态横生。"（《答谢民师书》）要达到这种境界，需要才能，需要功力，还需要厚实的生活底子作基础。我也许永远达不到这种境界，但我一直在努力追求。做一株思想的芦苇，不断反思教学，超越自我。

……

从15岁读师范开始到现在，我已经打了28年篮球了。28年的篮球生活，丰富了我的生活和记忆，给了我一副强健的体魄，给了我一种拼搏的精神，养成了我团结合作的习惯，滋育了我一种平和的心态。

现在，我儿子也酷爱篮球，我十分支持，父子俩常在球场上切磋技艺。2004年底的一天，看到儿子和我差不多高了，一时兴起，我教他灌篮。第一个灌篮表演成功，当我灌中第二个球，手还抓住篮筐的时候，"咣当"一声，篮板离开了柱子，从我的头上飞到了身后。一身虚汗。——哦，我笑了。是篮球在开导我："年轻，没有什么不可以"，那是上半场；现在，年近四十，是篮球下半场了。下半场打的是理性球，不再玩花样，不再陶醉于某一个动作的优美，而是讲究实用，更注重整体的技战术，应珍重当下，善待周遭的一切。

艾青先生曾深情地吟诵："大堰河——我的保姆！"现在，我要放声呼喊："啊，篮球——我的导师！"

当我穿上了高跟鞋

华应龙穿高跟鞋？没错，的确如此。至于身高一米七八的大男人，为什么要穿高跟鞋？事情得从头说起——

2008 年 6 月 5 日下午 6 点半，办公室里有些疲乏的我想到晚上还要完成一个非完成不可的"学习型学校自评报告"，自言自语道："又要熬夜了。"再想到自己已经一个多月没有打球了，"去活动一下身子，补充些能量"是个不错的主意。这也是我的生活习惯，打一场球，浑身每一个毛孔都出汗，就像洗桑拿浴那样的享受。享受之后，夜里赶材料写到两点钟都没问题。于是，我换上了耐克篮球鞋。

篮球馆里人满为患，我就来到羽毛球馆。先后与我校的两位体育哥们杀了 5 局，我有赢有输。已经汗流浃背了，我又到了篮球馆。有半片篮球场空了，只有一位证监会的小伙子在投篮。我加了进去。

投了几个零度角的三分球之后，我玩起了自己的绝活：罚球线附近，我背对篮筐。旱地拔葱式地跳起，空中转身面对篮筐，拉杆、投球，连续五六个都进了。那位证监会的兄弟羡慕得眼睛闪亮闪亮的，我自豪地说："读师范时专门练过！"我继续做，又中了；我运球转身，想远一点再做。突然，小腿剧痛，那痛就像是屋顶之类的超重的东西掉了下来，轧在了我的小腿上。我瘫坐在地板上，惊恐地抬头望望，楼顶上什么东西也没有少；再低头看看地板，什么东西也没有多。打了 20 多年的篮球，还没有见过这样的场景。不像是抽筋。

体育馆的赵建华馆长赶紧过来，他摸了摸我的小腿，不像肌肉拉伤，不像韧带撕裂，也不像跟腱断了，他帮我冷敷。疼痛轻些了，但脚一着地就痛。为了慎重，他开车，和史颖群老师一起护送我去丰盛医院（北京有名的骨科医院）。

医院里的人真多。大约一个小时后，轮到我了。史老师帮我脱鞋，痛得我叫出声来。医生示意别脱了，摸了摸我的小腿，说："跟腱断了，做手术吧。"

我懵了："大夫，没这么严重吧？能保守治疗吗？"

医生准备开住院单。

我想到晚上必须完成的自评报告，于是打电话给李烈校长，一是报告伤情，二是请教她先生文老师（体育专家）看能否保守治疗，因为我觉得没有大问题，并且临近学习型学校评估验收，临近期末考试，有一系列的事要做。李校长安慰我，身体要紧，抓紧看病，并且帮助联系到北京大学第三医院运动医学研究所（好多高级运动员都在那里就诊）确诊。还安排校长办公室黄主任也到北医三院来。当我说"不用了，校长"时，李校长说"你们三人还没吃饭呢！我就不去了，让他来安排"。我们的李校长对人就是这样体贴入微。

我们三人驱车到了北医三院，急诊的大夫说的与丰盛医院一样，"晚上不能做手术，明天再来吧"。

由于赵馆长的女儿还在办公室等着回家，因此，建华没有和我们一起吃饭就先送女儿回去了。当时已经十点半了。

吃晚饭时，黄主任打电话找了好几个关系人，帮助联系第二天看病事宜。

虽然身上的汗水已干，但考虑到手术后不方便洗澡，饭后，史老师和学校司机小王轮流背我到学校去洗澡。背着160多斤重的我，他俩真是受累了。独腿难支，史老师主动帮我洗澡。真是好兄弟！

6月6日早晨，我拄着拐到办公室，整理需要上交的"智慧教师征文"，交代后几天的相关事情。上、下楼梯的时候，碰到几个学生，惊讶的表情是相同的，问候的话语也是相同的："华校长，您是在体验吗？"

小王开车，黄主任陪我去北医三院。院内院外都是人。我们很顺利地在特需专家门诊就诊，于长隆教授摸过我的小腿后说了三个字："手术吧。"我说："于教授，能保守治疗吗？这几天学校事情特多。"于教授不容置疑地说："我根本没有和你商量，到这里就是治病，除了你想残疾。你多大了？""42岁。""应该断了。"我笑了。于教授打电话问住院部，当对方说没有床位时，于教授说："这是急诊，放在抢救室吧。"后来看资料知道，于长隆教授是运动医学研究所所长，博士生导师。

平生第一次住院。当我一个人躺在16层抢救室的病床上，一种感觉油然而生："能住进医院，真幸福！"这医院，很多人是排队等上几个月才能进来啊！

下午三点，一个手术室的小伙子拉着一张手术床来到我的病房。我躺到拉来的床上，小伙子拉着床在过道里飞快地走。我睁眼看着天花板在快速地后退，那感觉真不好。我知道是拉去手术室，可感觉是去一个未知的地方。在电影、电视里，看到过这种镜头，不过那真是需要抢救的人。可能小伙子们习惯了。

3层手术室。一道一道的门。无影灯下，三位大夫，三位护士。局部麻醉，护士说："因为是局部麻醉，如果手术中疼得厉害，你要说。"想到地震灾区的一位女士能用锯子锯断自己的腿，用剪刀剪断自己的筋，我就没有一点害怕的感觉了，"实在不行就把腿锯了呗"。就像解抽屉原理的题目，当你从最坏的情况考虑之后，一切问题就迎刃而解了。

主刀的大夫一会儿要刀，一会儿要钳子，一会儿要剪子，一会儿要线，一会儿说汶川地震，一会儿说周末采摘，一会儿说花边轶事。开始，我有点不舒服："这是在做一个活人的手术吗？"几分钟后，我想到传媒大亨刘长乐与佛教宗师星云大师的《包容的智慧》中说：新手开车一定是死死地握着方向盘，眼睛盯着前方，一刻不离。可是却常常出问题，不是碰到这个，就是碰到那个。几年之后，熟练了，一边开车，一边可以谈笑风生，无心开车，却应付裕如。这"无心"不是没有心，无心是自然，无心是物我一体，无心是无所不用心。我开始佩服起主刀大夫。我俩开始对话。"大夫，痛！""痛是永恒的主题。如果憋得住，你就别叫。""噢，那没问题。""大夫，您贵姓？""男子汉，大萝卜。"……后来知道，主刀大夫叫刘平，是主任。

接近6点，我被拉回了16层抢救室。与去时显著的不同是右腿绑上了粗粗的石膏，从右脚到小腿到大腿，挺吓人的。其实就是右小腿的后面有一个十几厘米的刀口。老婆下班了，也在等着呢。

打开手机，一条不知名的短信："华老师，您好！今天是2008年6月6日，祝您一切顺利……"可能是一位"华粉"，他哪里知道华老师特不顺，跟腱断了，路都走不了。不过，今天是特顺，手术顺利。谢谢他的吉言！

手术之后，我在病房躺了五天，出院后就躺到了办公室（李校长帮我安排了宽大的、松软的席梦思床），24小时都在学校，都在办公室，"以校为家"。

怎么也没想到几分钟的篮球活动，让我整天蜗居在28平方米的办公室里，二十四分之二十三的时间都待在床上。但——

跟腱断了之后，我享受了做过手术的经历。人生应该多一些阅历。以前只是在电影、电视中看过做手术，这次我自己亲身经历了，并且是清醒地经历的。

跟腱断了之后，我更是收获了领导的关怀。李烈校长虽是日理万机，却在手术后的第二天，和她先生一起来看望我，嘱咐我"吃什么补什么"，先不要想工作的事情；文老师建议我以后多多练游泳。教委组织部打来电话表示慰问（说副校级的，有这样的待遇，我硬是没让他们登门）。北京市教研中心的吴正宪主任和刘德武校长几次打电话要过来看我，最后还是让范存丽老师来了。教育部刘兼主任安排北师大数学工作室的四位老师来看望我。

跟腱断了之后，我收获了同事们更多的关心。我这一断一手术，应该我做的活儿，都压在了同事们身上。郑校长代我完成了自评报告、自评分表，张主任代我主持毕业班数学考试，冯校长代我完成资料整理。一个周六的上午，郑校长拎着全聚德烤鸭又来看我，说她和大哥考虑了好久，最后觉得鸭是凉性的，吃了不容易上火。赵校长发现我的腿需要垫高，于是拿来了她的枕头。马主任、王主任和科二组的老师帮我打饭、烧水。高华老师考虑到我不方便洗手，送来了好几包卫生湿巾。隔壁的聂明月等老师只要听到我拄拐的声音，就护送我去洗手间，天天如此。更多的老师不时地、多次地过来嘘寒问暖。

跟腱断了之后，我收获了朋友们更多的关爱。人到中年，我的朋友们也大多人到中年，大家都很忙。得知我住院后，纷纷来看望我。花篮送给了护士，病房内还是摆满了鲜花。

跟腱断了之后，我收获了老婆更多的体贴。跟腱断了之后，老婆没有一句怨言。"还好，如果是去年这个时候断了，可麻烦了（去年的 6 月 6 日，儿子高考）。"这让我特别高兴。坏事当头一定要看到好的方面。在我的影响下，儿子具有这样的思维方式，老婆也是了。这样的家庭多幸福。《老子》五十八章里说："祸兮福之所倚，福兮祸之所伏。"老婆是实验二小的语文老师，还是班主任。忙了一天，回到家要做饭洗衣，忙所有的家务，还要帮我擦洗身子，帮我洗头。心疼得我说："老婆，休息一会儿再做吧！"

跟腱断了之后，我收获了"我很重要"的信息。毕淑敏写过一篇散文《我很重要》，这次我是体味到了。学校的文字工作照做，"数学大比拼"的题目照出，期末考试的试卷照出。电话照接，短信照发，邮件照收。我回掉了假期里多家讲学的邀请，医生开的假条是"休息三月"。对于家庭，我是重要的；对于学校，我是重要的；对于朋友，我是重要的。

跟腱断了之后，我收获了灾区老师们真挚而热烈的掌声。虽然回掉了假期里多家讲课的邀请，但假期还没到，中华慈善总会主办、四川省教育厅承办的"灾区小学老师培训班"，我还是去了。"一次又一次，在电视机前，泪水模糊了我的视线；一次又一次，在阅读报纸时，泪水打湿了我的衣襟。"想到谭千秋、张米亚、李佳萍、张红梅、向倩等英雄老师的光辉事迹，6 月 29 日早晨 8 点，就请出租司机把我送到了会场。当我讲到下午 5 点 45 分结束的时候，56 位老师的掌声很响很响、很长很长……好几位老师竟然把他那扒过废墟、救过学生、受过伤的双手举过头顶，使劲鼓掌。我再一次被感动了！泪水，让我和我的同胞们的灵魂更加纯洁；感动，使我和我们这个民族的脊梁更加坚挺！

　　跟腱断了之后，我收获了读书的时间。在医院的几天，我看了《人往低处走》《思维的黑洞》《思维的极限》《走进思维的新区》；回校后，我看了《低头找幸福》《苏格拉底的智慧》《慢生活》《胜任才是硬道理》。

　　跟腱断了之后，我收获了思考的闲暇。只是行动不便，只是腿有些麻木，需要垫高。但头脑是清楚的，我可以思考。我思考：究竟什么是教育？小学数学教学的目的究竟是什么？自己的课堂魅力究竟在何处？教师在课堂上的功夫究竟是什么？又如何在课堂上恰到好处地彰显"人师"的价值？……

　　7 月 23 日，我去北医三院，把石膏都拆了，进入康复锻炼阶段，我穿上了"高跟鞋"：在高帮篮球鞋内垫上 20 多张硬纸板做成的高跟，三天撤掉一层，三天撤掉一层……

　　这期间，领导照顾我，没有让我参加奥运志愿者的各项活动。我除了按医嘱，穿着高跟鞋锻炼腿部力量外，就是看书和看电视上的奥运。

　　8 月 18 日中午 11 点 55 分，北京奥运会田径比赛继续在鸟巢进行。在男子 110 米栏小组赛第六组中，飞人刘翔因伤退出了比赛，国人的奥运 110 米栏卫冕梦想破灭了。电视机前面的我不敢相信这是真的！

　　什么，也是跟腱？难道是"蝴蝶效应"？6 月 5 日，北京第二实验小学篮球馆里，一只蝴蝶扇动了一下翅膀，8 月 18 日传到了鸟巢，引发了刘翔退赛风波？

　　当我穿上了高跟鞋，一瘸一拐地走在大街上、校园里，熟悉的朋友们会与我开玩笑说："你是打算和刘翔一起参加残奥会吗？"哈哈哈，当今世界男子跨栏的纪录是刘翔的，当年如皋师范学校的男子跨栏纪录就是我的。能与刘翔为伍，挺自豪的！

后 记

虽然我主编、参编过 20 多本教学用书，但没有出一本"华应龙"一个人的书。近三五年来，主动联系我的出版社不少。但我自知才疏学浅，功力不够，所以不敢制造文字垃圾，让"华粉"们破费。

感谢李烈校长、张梅玲教授，感谢刘坚主任、鲍东明主编，感谢贲友林、陈惠芳等朋友，是他们的再三催促，才有了今天的这本小书《我就是数学——华应龙教育随笔》和另一本《我这样教数学——华应龙课堂实录》。

感谢百年校庆的际遇，让我挤时间抢在今年完成了一个心愿。

感谢《人民教育》《中国教育报》《江苏教育》《小学数学教师》《小学教学》《小学数学教育》《北京教育》《福建教育》《教育科学研究》《新世纪小学数学》《现代教育报》《中国教育学刊》《光明日报》《人民日报》等报刊的编辑老师们！我的文字中有他们的心血和厚爱。

感谢李烈校长、张梅玲教授、肖川教授在百忙中为我写了热情洋溢、褒奖有加的序言！

感谢华东师大出版社吴法源先生和编辑们的精心策划和细致编审！

感谢在我成长过程中给予很多帮扶的、数不清的领导、专家、朋友们！虽然数不清，但都保存在我的心中。

感谢我的夫人给我全力的支持，感谢我的儿子让我宁静地思考！

看着这本小书，我虽然有一点成就感，但还是有些惶恐，不敢说没有制造文字垃圾。如果能给读者朋友们一点点启发和帮助，我就满足了。

　　一本书，是一块里程碑，它不仅仅是结果，更是过程。它让我回首驻足，整理一下行囊；它让我顾盼生辉，为自己加油。

　　向后看，是为了更好地往前走。

　　当我最后把一个人做好了，才是出了一本好书。

2009 年 8 月 28 日于北京新文化街 111 号

再版后记　居高声自远

　　2009 年 10 月，华东师大出版社出版了我的《我就是数学》和《我这样教数学》。哪知道，甫一出版，就迎来了好评。

　　2010 年春节，我姐姐（夫人的姐姐，扬州的高中物理教师）回娘家，拿出一本《我就是数学》让我签名。那毕恭毕敬的姿态，搞得我受宠若惊。要知道，当初，我和夫人谈恋爱时，姐姐是不支持的，嫌我家穷，人长得又黑，还是个乡村小学体育老师。（写到这儿，我笑出声来。如果不是真事，我是不敢这样戏谑姐姐的。）大概是我受宠若惊的样子，刺激了姐姐。姐姐的话中有些打击我的味道，她板着脸说："别高兴，不是我要你签的。"停顿了三秒（姐姐的物理教得非常棒，学校党委书记的工作做得很入心，她说话是很有艺术的），姐姐接着说："是我们学校的语文老师要的。"我惊讶地张大了嘴："更不可思议了！怎么可能啊？中学语文老师喜欢小学数学老师的书？"姐姐很认真地说："我们 X 老师非常喜欢。多次和我谈起读这本书的心得，因此我说，我帮你请华应龙签个名吧。不过，我始终没说你是我妹夫。"

　　后来我才知道，中学老师喜欢我书的故事还真不少呢！

　　家长朋友，也是我的热心读者。前几天，一位一年级家长朋友说："我是先买了您的《我这样教数学》，看后才决定一定要争取让孩子来实验二小的。"北京第二实验小学是教育的高地，衷心感谢北京第二实验小学的家人们！他们的包容、抬举、青睐，才让我"居高声自远"。

　　2017 年 10 月 1 日，我的公众号发布了我的《故事中认识我自己》，一位读者在"留言"中说，他把我的书读了不下十遍，每次心里不安静的时候，拿起这本书就能让他静下来。

每每回想起这些，我就十分感激我生命中遇到的那些贵人：李烈校长、顾明远先生、叶澜先生、陈今晨师父、张兴华师父、吴瑞祥局长、郭毅浩局长、舒小红局长、鲍东明主编、傅国亮总编、余慧娟总编、翟博社长、刘坚教授、刘加霞教授、张奠宙先生、蒋徐巍副主编、吴法源总编、张万珠编辑，等等。

这次《我就是数学》和《我这样教数学》能够再版，我非常感谢长江文艺出版社尹志勇社长和秦文苑主任的青睐有加！

为了再版，我工作室的伙伴们分工合作，帮我一页一页、一行一行、一字一字地修订，实在是令我感动！

为了再版，我自己也是一篇一篇地回味。看着，看着，我和夫人说："我都不相信是我自己写的。现在的我，是写不出来的。"

"大夏书系"系教育出版业的高地。我的书之所以能有比较好的影响，同样是因为"居高声自远"。最后，我要再次感谢华东师范大学出版社的老师们，是他们的欣赏和抬举，才有了今日的再版！

长江文艺出版社是文艺出版业的高地，"居高声自远"，我很期待！

2019 年 10 月写于北京圆方斋